사진제공: 세이쿄신문사

프로필

이케다 다이사쿠
(Ikeda Daisaku, 1928~2023)

창가학회 명예회장. 국제창가학회(SGI) 회장 역임. 1928년 일본 도쿄 출생. 소카대학교, 미국소카대학교, 소카초·중·고교, 민주음악협회, 도쿄후지미술관, 동양철학연구소, 도다기념국제평화연구소 등을 설립했다. 《인간혁명》(총 12권), 《신·인간혁명》(총 30권), 《나의 세계 교우록》, 《세계 지도자를 말한다》 등 수많은 저서를 써냈다. 또 세계 각국의 석학들과 거듭 대담을 나누고 《21세기를 여는 대화》(A. 토인비), 《21세기에의 경종》(A. 페체이), 《20세기 정신의 교훈》(M. S. 고르바초프), 《지구대담-빛나는 여성의 세기로》(H. 헨더슨) 등 수많은 대담집을 발간했다.

리카르도 디에스 호흐라이트네르
(Ricardo Diez-Hochleitner, 1928~2020)

로마클럽 명예회장. 1928년 스페인 출생. 살라망카대학교를 졸업한 뒤, 독일 카를스루에공과대학교에서 화학기계제조 등을 공부하고, 스페인의 화학산업 촉진에 기여했다. 스페인과 콜롬비아에서 대학 교수로 재직했으며, 유네스코 이사, 스페인 교육과학부 장관, 세계은행 교육투자부 초대 부장 등 요직을 역임했다. 1991년 로마클럽 회장에 취임하고, 2000년 명예회장이 됐다. 저서로는 《교육의 전망-개혁과 계획》 등이 있다.

함께 바라보는 동과 서

인간혁명과 지구혁명

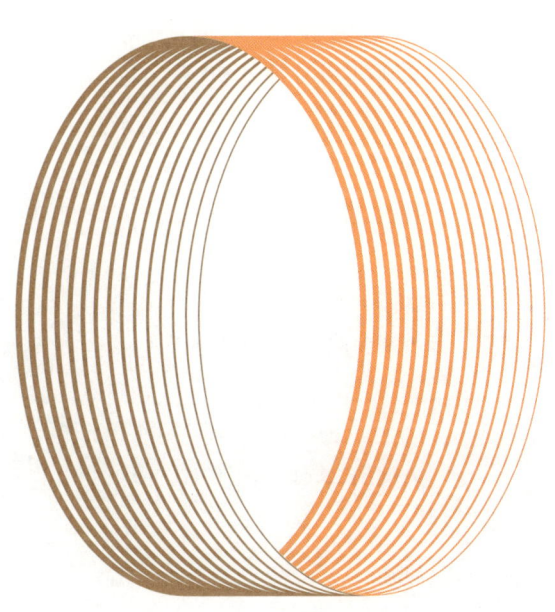

이케다 다이사쿠
리카르도 디에스 호흐라이트네르

연합뉴스

목차

프로필　02p

제1장
페체이 박사와의 만남　09p

제2장
유년 시절　31p

제3장
스페인의 풍토와 문화　53p

제4장
스페인 국왕　75p

제5장
지구적 문제들　91p

제6장
세계화의 빛과 그림자
① 전쟁과 평화　109p

제7장
세계화의 빛과 그림자
② 민중의 세계화   131p

제8장
'미국·유럽·아시아' 삼극(三極)의 미래   147p

제9장
지도자 혁명과 글로벌 거버넌스   167p

제10장
세계시민 교육   189p

제11장
종교와 정신의 르네상스   217p

제12장
영원한 탐구자로서의 인류의 위치와 사명   241p

각주   254p

| 일러두기 |

본서는 월간 『제3문명』 2004년 5월호~2005년 3월호에 연재된 대담을 보완·추가해 2005년 일본에서 단행본으로 간행된 책을 번역, 출간한 것입니다.

대담이 이루어진 시점과 현재 사이에는 사회적·정치적·문화적 환경에 일정한 차이가 있음을 미리 밝혀둡니다.

번역은 원문의 사상과 논지를 최대한 존중하되, 대담의 취지와 흐름을 보다 자연스럽게 전달하기 위해 일부 보강한 부분이 있음을 미리 밝혀둡니다.

본 책의 한국어 번역 출판권은 (주)연합뉴스가 소유하고 있습니다. 본 저작물은 서면 허락 없이 내용의 일부를 무단 복제, 배포, 전재하는 것을 금합니다.

함께 바라보는 동과 서
인간혁명과 지구혁명

제1장
페체이 박사와의 만남

"내일이면 너무 늦다.
오늘 당장 무언가 해야 한다."

이케다 호흐라이트네르 박사님은 일찍이 이렇게 말씀하셨습니다.

"'내일이면 너무 늦다. 오늘 당장 무언가 해야 한다'는 위기감에 이끌려 일하고 있습니다. 인류가 직면한 문제는 너무나 크고, 심각하며, 긴급하기 때문입니다. '내가 기여하는 바는 너무나 작다. 인류를 위해 더 많은 일을 해야 한다'는 생각으로 움직이고 있습니다."

박사님은 인류의 두뇌라 할 수 있는 로마클럽의 회장직을 후임인 하산[01](요르단 왕자) 회장에게 물려준 뒤에도, 말씀하신 대로 강한 책임감을 갖고 세계를 누비셨습니다. 세계 최고의 지혜와 실천력을 지닌 박사님과 이렇게 대담을 할 수 있어 기쁩니다.

호흐라이트네르 저야말로 세계를 누비신 이케다 SGI(국제창가학회) 회장님의 발자취를 보고, '무엇이 회장님을 이

토록 움직이게 하는가!'라고 감탄했습니다. 저는 회장님의 인격과 신념, 실천을 깊이 존경하며, 회장님이 이끄시는 불교단체 창가학회의 활동에도 아낌없는 찬사를 보냅니다.

이케다 회장님의 활동을 처음 알게 된 것은 회장님께서 제가 가장 사랑하는 오랜 친구인 페체이[02] 박사와 나눈 대담을 통해서였습니다. 그 대담은 제게 정신적으로도, 지성적으로도 매우 중요한 경험이었습니다. 큰 영예였고, 위대한 영감의 원천이 됐습니다.

이케다 저희가 펼치는 운동을 깊이 이해해 주셔서 감사합니다.

호흐라이트네르 박사님을 처음 뵌 것은 1991년, 제가 설립한 '빅토르 위고[03] 문학기념관' 개관식 때였습니다. 박사께서는 일부러 스페인에서 파리까지 와 주셨습니다.

호흐라이트네르 예. 기억하고 있습니다. 위고는 걸출한 인물이지만, 프랑스인들이 실제로 그의 진가를 인정하고 유럽 공동체 형성에 관여한 인물로 존경하기 시작한 것은 최근입니다. 저는 위고의 기념관을 최초로 구상한 사람이 일본인이라는 사실이 믿기지 않았습니다.

이케다 위고의 문학은 제 청춘의 동반자이자 인생 그 자체였습니다. 지금 시대에는 위고처럼 어떠한 것에도 두려워하지 않는 정신투쟁이 필요합니다. 위고의 위대한 정신을 계승하는 평화, 문화, 인권의 요새로서 기념관을 세웠습니다.

개관식에는 프랑스 예술아카데미 종신 사무총장인 마르셀 란도프스키 씨, 아카데미 프랑세즈 회원이자 미술사가인 르네 위그 씨, 작가인 칭기즈 아이트마토프 씨, 위고의 5대손인 피에르 위고 씨, 그리고 톨스토이의 손자인 세르게이 톨스토이 씨도 참석하셨습니다.

그때 저와 박사님은 페체이 박사와 나눈 대담집 『21세기에의 경종』에 이어 새로운 '대담'을 나누기로 약속했습니다. 그 약속이 이제야 실현됐습니다.

호흐라이트네르 이케다 회장님과 대담을 할 수 있어 진심으로 영광입니다. 저는 로마클럽[04]의 창립자인 페체이 박사의 제자라고 생각합니다. 박사에게 이케다 회장님이 얼마나 소중한 친구인지 들은 바 있습니다. 우리 로마클럽은 회원들의 문화적 배경과 신념이 매우 다양한데도, 그 사상과 행동이 창가학회와 통하고 조화를 이루고 있습니다.

로마클럽은 인류의 미래에 대한 페체이 박사의 깊은 우려에서 탄생했다고 해도 과언이 아닙니다. 박사는 파시즘 시대의 혹독한 투쟁을 이겨내고 제2차 세계대전 후에는 중국, 이탈리아, 아르헨티나 등에서 기업가로 활약했습니다. 페체이 박사는 깊은 인격과 통찰력을 지닌 인도주의자였습니다.

페체이 박사는 인간의 경솔한 행동이 자연계에 심각한 위기를 초래하고 있다고 경종을 울렸습니다. 여기서 바로 이케다 회장님께서 실천하고 계신 이념이 떠올랐습니다. 회장님께서는 인류와 자연이 조화롭게 살아가기 위한 심오한 철학을 몸소 실천하며 탐구하고 계십니다. 이는 제게 가장 중요한 교훈이 됐습니다.

'인간혁명'이 바로 모든 변혁의 근본

이케다 페체이 박사의 선견지명은 21세기에 들어 더욱 빛을 발합니다. 페체이 박사께서 추구해 온 '인간혁명'이야말로 바로 모든 변혁의 근본이 되는 길입니다. 우리는 '인간혁명 운동'의 맹우(盟友)이기도 합니다.
그런데 호흐라이트네르 박사님과 페체이 박사의 우정은 언제부터 시작됐습니까?

호흐라이트네르 제가 미국 워싱턴에 있는 세계은행에 가기로 결정한 1964년부터입니다.
우리 두 사람은 지성석으로 서로 첫눈에 반했습니다.
'이 사람이야말로 친구이자 형제이며, 사랑하고 존경해야 할 사람이다. 인류에 더 많이 공헌하겠다는 이상에 도달하기 위해 평생 유대를 맺고 싶은 사람이다.'라는 점을 순간적으로 깨닫고 느낄 수 있었습니다.
1960년대 초반, 페체이 박사의 우려는 『눈앞에 있는 틈(The Chasm Ahead)』(일본어판 제목 『드러누운 단층』 마키노 노보루 번역, 다이아몬드사)이라는 책과 일련의 강연에 고스란히 담겨 있습니다.

1964년 페체이 박사는 러스크[05] 미국 국무장관의 초청으로 워싱턴을 방문했습니다. 박사는 세계은행 교육투자부장을 맡았던 저와의 회견을 요청했습니다. 당시에 저는 젊은 나이에 인생의 다양한 기회와 국제적인 명성을 과분하게 누리고 있었습니다.

페체이 박사는 그런 제게 이렇게 물었습니다.

"당신은 국제적으로 정치·교육 개혁에 대한 비전을 가진 위대한 전문가로 알려져 있습니다. 미래 사회에 대해 어떤 비전을 그리고 있습니까? 또 그 사회가 가진 희망과 가능성은 무엇이라고 생각하십니까?"

아름다운 백발의 그는 이탈리아인답게 열정적인 몸짓으로 이야기했고, 저는 그 모습에 압도당했습니다.

박사가 그렇게 물었을 때, 저는 곧바로 그가 제 생각을 들어줄 만한 사람이라는 점과 그가 제기한 문제가 박사의 성실한 인격에서 비롯됐다는 점을 알 수 있었습니다.

이케다 감정이 풍부하면서도 진지한 페체이 박사의 어조가 들려오는 듯합니다.
두 분의 만남이 호흐라이트네르 박사님의 인생을 바꿀 만큼 깊은 충격을 주었군요.

호흐라이트네르 맞습니다. 이케다 회장님과 페체이 박사는 어떻게 만나셨나요?

이케다 사실 페체이 박사는 역사학자 토인비[06] 박사가 제게 "앞으로 대화를 나눴으면 좋겠다"고 추천한 지식인 중 한 사람이었습니다. 토인비 박사는 저와 대담을 마치면서 앞으로도 세계 지성들과 계속 대화해 달라면서 몇 분을 소개해 주셨습니다.
호흐라이트네르 박사께서는 두 분의 만남을 '지성적으로 첫눈에 반했다'고 표현하셨는데, 저도 '인격적으로 첫눈에 반한' 것 같은 공명이 있었습니다.
페체이 박사와 저는 '인간성 혁명'과 '인간혁명'에 관해 함께 대화를 나눴습니다. 그러한 내면적 변혁을 구현해 낸 '한 사람의 구체적 모습'으로 저는 다름 아닌 페체이 박사를 떠올리게 됩니다.

물론 '인간혁명'의 본질은 결코 고정적인 것이 아닙니다. 각자의 상황에서 더 선한 인간이 되고, 더 위대한 가치를 창조할 수 있는 인간이 되는 것, 또는 그런 방향으로 끊임없이 성장해 나가는 과정 자체를 넓은 의미에서 '인간혁명'이라고 할 수 있습니다.

그 전제를 바탕으로 볼 때 페체이 박사는 위대한 '내면의 정복'을 이뤄낸 분이라고 생각됩니다.

페체이 박사에게서 파시즘의 박해에도 절대 굴하지 않은 '강철과 같은 신념'을 느꼈습니다. 박사는 또한 눈앞의 사리사욕에 휘둘리지 않고 인류를 위해 먼 미래까지 내다보는 '장기적 비전'을 지니고 있었습니다. 더불어 전문성의 틀을 뛰어넘어 학제적(學際的) 사고를 통해 다양한 사람들의 지혜를 모으려는 '전체관'을 갖고 있었습니다.

아울러 현실을 직시하는 '용기', 신념을 실행에 옮기는 '실천력', 그리고 그 모든 것의 밑바탕에는 뜨거운 '인간애'와 인류에 대한 '책임감'이 불타오르고 있었습니다.

"오늘날의 지도자들은 무책임합니다. 이대로 방치하면 21세기에는 자연도 인간도 파괴된 '불모의 지구'가 될 것

로마클럽 창립자 아우렐리오 페체이 박사와 대담하는 이케다 SGI 회장
(1975년 5월, 프랑스 파리) 사진제공: 세이쿄신문사

입니다. 그것이 빤히 보이는데도 정치인, 경제인, 기술자, 학자, 관료들은 아무것도 하려 하지 않습니다. 눈앞의 이익만 생각합니다. 그래서 인간 자신의 혁명이 필요합니다. 게다가 시급합니다. 시간이 없습니다."
그렇게 말씀하시던 진지한 눈빛이 지금도 선명히 기억납니다.

호흐라이트네르 맞습니다. 물질적 위기보다 그 위기에 책임감을 갖고 맞서는 지도자가 없다는 사실이 더 큰 문제입니다. 세계는 다른 무엇보다 책임감이 있는 지도자를 원하고 있습니다.

이케다 페체이 박사와 다섯 차례 만났습니다. 처음 만난 날은 1975년 5월 16일 파리에서였습니다.
박사는 부인의 생일인데도 불구하고 멀리 이탈리아에서 SGI의 파리회관까지 와주셨습니다.
당시 저는 마흔일곱 살, 박사는 예순여섯 살이었습니다. 스무 살 가까이 나이 차가 나는 저를 성실하고 진지하게 대해 주셨습니다. 따뜻한 진심이 다부진 체격에 가득 차 있는 느낌을 받았습니다.

처음에는 응접실로 모셨는데, 창밖에 파란 하늘이 펼쳐져 있었습니다. 그래서 우리는 좁은 방 대신 정원으로 나가 '5월의 파리'를 만끽하며 이야기를 나누기로 했습니다.

정원에 나갈 때의 활기차고 재빠른 몸동작이 눈에 선합니다. 오랫동안 비즈니스 현장에서 활약해 온 분답게 민첩함이 느껴졌습니다.

정원에는 하얀 사과꽃이 활짝 피어 있었습니다. 햇살이 강해 초록색 잔디밭에 주황색 파라솔을 설치한 후 그 아래 소파를 놓고 두 시간 반가량 대화를 나눴습니다.

호흐라이트네르 아름다운 대화 장면이 눈에 선합니다. 대담은 어떤 내용이었습니까?

이케다 페체이 박사는 인류사를 되짚으며 말씀하셨습니다. "인류는 지금까지 산업혁명, 과학혁명, 기술혁명이라는 '세 가지 혁명'을 경험했습니다. 이것은 모두 '인간 외부의 혁명'이었습니다. 하지만 '그것들을 무엇을 위해, 어떻게 사용해야 하는지'에 대한 지혜는 여전히 길러지지 않은 채로 있습니다. 놀라울 정도로 무지합니다. 기술은 발전해가는데 문화적으로는 마치 화석처럼 진전이 없습니다. 그 간극을 메우기 위해 필요한 것은 '인간 정신의 르네상스'입니다. '인간 자신의 혁명'입니다."

그전까지 박사는 '인간성 혁명'을 주장했는데, "더 깊이 추구한다면 궁극적으로는 '인간혁명'으로 귀결된다고 생각하게 됐다."고 말씀하시며 제가 쓴 『인간혁명』의 영문판을 가져오셨습니다.

페체이 박사와 저는 '인간성 혁명', 그리고 '인간혁명'에 관해 이야기를 나눴습니다.

이어 박사는 "인류는 많은 난제를 안고 있습니다. 우리 자신의 변혁을 100년이나 기다릴 수는 없습니다."라며, "인간혁명에는 얼마나 많은 시간이 걸릴까요?"라고 질문하셨습니다.

저는 이렇게 답했습니다. "한 개인의 인간혁명은 대체로 10년을 목표로 할 수 있겠지만, 보다 많은 사람의 인간혁명은 상당한 시간이 걸릴 것입니다. 그러나 지금 행동하지 않고 씨앗을 뿌리지 않으면 전진할 수 없습니다."

호흐라이트네르 페체이 박사는 우리에게 이렇게 말했습니다.

"인간들은 소비 욕망에 사로잡혀 천연자원과 에너지를 낭비하고 땅, 물, 대기를 오염시키고 있습니다. 만약 이대로 지구의 미래를 생각하지 않는다면 인류의 생존을 지탱해 주는 환경을 잃고 말 것입니다."

박사는 인간 중심의 관점에서도 자연을 보호하고 회복해야 한다고 강조했습니다. 또 그러한 도덕적 원리에 비추어볼 때 자연을 해치는 일 자체를 용납할 수 없는 심각한 문제라고 주장했습니다.

로마클럽은 인류의 미래(성장률과 인구통계)를 천연자원과 에너지 자원, 자연환경과의 연관 속에서 고찰하면서, '성장'은 필요하지만 '지속가능한 성장'이어야 한다고 제창했습니다. 처음에는 '지속가능한 성장'이라는 표현을 사용하지 않았지만, 만약 이대로 계속 '성장'하면, 인간이 살 수 있는 환경이 파괴되고 인류의 미래가 파괴될 것이라는 견해를 가지고 있었습니다.

이케다 저와 나눈 대화에서도 페체이 박사는 "경제 성장이라는 이름의 '신화'에 인류는 마음이 오염됐다."고 말씀하셨습니다.

인구 폭발, 환경 파괴, 자원 낭비, 선진국과 그렇지 않은 나라 간의 비극적인 빈부 격차…. 이 모든 것이 서로 얽히고설켜 이대로 가면 도미노 게임처럼 '파국의 날'이 올 것이라고 경고했습니다.

대다수가 '나와는 상관없다.', '굳이 서두르지 않아도 어떻게든 되겠지.'라고 방관했습니다. 그럴 때 가장 먼저 "인류라는 배가 잘못된 방향으로 가고 있다. 즉시 항로를 바꾸지 않으면 돌이킬 수 없게 된다!"고 외친 사람이 페체이 박사였습니다.

1968년 박사는 지식인들을 모아 로마에서 회의를 열고, 학제 집단인 로마클럽을 설립했습니다.

호흐라이트네르 제가 워싱턴에서 파리로 돌아와 로마클럽 창설을 준비하면서 페체이 박사와의 관계도 더 깊어졌습니다.

알렉산더 킹 씨(로마클럽 제2대 회장)와 당시 유네스코[07] 이사이자 존경하는 르네 마유 씨, 코시긴 총리의 사위이자 당시 소련의 중요한 인물이던 그비시아니 씨, 그리고 독일의 시만 씨와 회합도 가졌습니다. '이런 사회는 안 된다. 우리가 할 수 있는 일이 없을까?'라고 생각하는 사람들을 중심으로 작은 그룹을 만들었습니다.

그즈음 저는 후안 카를로스 국왕(당시 왕세자)으로부터 스페인의 포괄적 교육개혁을 이끌어달라는 요청을 받았습니다.

서구 학생들은 '학생운동'을 통해 자신들이 살아가는 사회에 대한 불만을 호소했습니다.

이 모든 일은 1968년에 일어났습니다. 제게는 이루 말할 수 없이 큰 행운이었습니다.

저는 학생운동에 관여한 적은 없었지만, 지금 돌이켜보면 정말 멋진 인연이었다고 생각합니다.

우연을 믿지 않는 저로서는 이를 훌륭한 인연의 결과라고 표현하고 싶습니다. 세상에서 일어나는 모든 일에는 반드시 그 나름의 이유가 있다고 믿습니다. 모든 일은 일어날 만한 이유가 있기 때문에 일어납니다. 이것을 섭리주의라고 부를 수 있을지도 모릅니다. 그것은 인생이 주는 모든 기회를 우리가 소중히 살려야 한다고 믿기 때문입니다.

우리 그룹은 '모든 일이 올바른 방향으로 진행되지 않고 있다.'고 생각하는 30~40대 사람들로 구성됐습니다. 정당과 같은 집단이 아니라 행동의 이념으로 모인 단체입니다. 우리는 이대로 가면 인류가 자연과 지구, 나아가 인류 자신에게 악영향을 미친다고 우려했습니다.

이케다 그 중심에 페체이 박사가 있었군요.
정말 자비로운 아버지와 같이 훌륭한 인품을 지닌 분이었습니다.
철학자처럼 '먼 미래'를 내다보면서도 경제인답게 '즉단 즉결'을 지향했습니다. 이 두 가지 모두 인간에 대한 깊은 애정에서 비롯됐다는 점이 박사의 위대함이라고 생각합니다.
조금 전에 호흐라이트네르 박사님은 "로마클럽은 인류의 미래에 대한 페체이 박사의 깊은 우려에서 탄생했다고 해도 과언이 아닙니다."라고 말씀하셨는데, 이 말은 그야말로 '한 사람의 인간혁명이 세계까지도 바꿀 수 있다.'는 증거라고 생각합니다.

로마클럽의 활동 초기에는 냉소적인 반응을 보인 언론도 많았다고 들었습니다.

페체이 박사는 '파괴적 예언자'라는 조롱까지도 받았습니다. 그러나 박사는 직면한 과제가 '인간 내면의 혼란'에서 발생한 것이므로 인간이 해결하지 못할 리가 없다고 믿는 '현실적 낙관주의자'였습니다.

공산권에서는 그를 자본주의자라고 비난했고, 자본주의 국가에서는 공산주의자라고 몰아붙였습니다. 개발도상국에서는 '우리의 발전 기회를 빼앗으려는 생각'이라고 비난하기도 했습니다.

일부 학자는 무책임한 논조에 편승해 "그들의 걱정은 18세기 사람들이 '마차가 더 늘어나면 세상은 말똥으로 뒤덮일 것'이라고 걱정하는 것과 똑같은 논리다. 기술의 발전을 고려하지 않았다."고 비웃기도 했습니다.

그러나 로마클럽의 정론(正論)은 점차 지지를 얻었고, '지구의 유한성'은 이제 인류의 보편적인 인식이 됐습니다.

1992년 유엔의 '지구정상회의'와 2002년 남아프리카공화국에서 개최된 '지속가능발전세계정상회의'를 시작으로 국제기구, 각국 정부, 민간단체가 '지구적 문제들'에 대처하기 시작했습니다. 한때 풍요로운 생활에 젖어 있던 '취기'에서 깨어났습니다.

과제가 크기는 했지만, 국제 여론의 물결이 일어났습니다. 페체이 박사의 '고독한 한 걸음'이 인류의 '거대한 도약'으로 바뀐 것입니다.

박사는 1984년 3월 14일, 75세의 나이로 영면하셨습니다. 그는 평생을 일에 바치셨으며, 돌아가시기 12시간 전까지도 병상에서 계속 논문을 구술하셨다고 합니다.

호흐라이트네르 이 대담은 페체이 박사를 추모하는 형태가 될 것입니다. 우리는 살아 있는 이들의 권리와 의무만을 말하지만, 고인에게도 존중받을 권리가 있음을 잊어서는 안 됩니다. 특히 페체이 박사처럼 후세에 계승될 유산을 남긴 사람들은 존경을 받으며 추억될 숭고한 권리가 있습니다.

이케다 동감입니다. 위대한 페체이 박사의 정신을 계승해 '인간혁명'의 사상과 실천을 '광원(光源)'으로 삼아야 합니다. '지구 문명'이 나아가야 할 미래와 인류가 이뤄야 할 사명에 대해 마음껏 이야기를 나눕시다.

함께 바라보는 동과 서
인간혁명과 지구혁명

제2장
유년 시절

세계시민의 탄생

이케다 이번 대담의 제목은 '함께 바라보는 동과 서'인데, 이 제목은 박사님이 제안하셨습니다. 21세기의 평화와 문화를 지향하는 이 대담은 벌써부터 독자들 사이에서 큰 반향을 일으키고 있다고 합니다.

호흐라이트네르 영광입니다. 이케다 회장님과 다양한 주제로 이야기를 나누는 일은 저에게도 소중한 사색의 기회라고 생각합니다.
'동과 서'가 서로 더욱 깊이 이해하는 것이 그 어느 때보다 중요한 시기입니다.

이케다 호흐라이트네르 박사님은 스케일이 큰 세계시민입니다. 유네스코 이사, 스페인 교육과학장관, 콜롬비아 교육계획장관, 세계은행 교육부문 투자부장 등 요직을 역임하셨습니다. 그야말로 지구를 무대로 활약하셨습니다. 박사님과 같은 세계시민이 어떻게 탄생했을까요? 먼저 부모님의 이야기를 듣고 싶습니다.
아버님은 스페인, 어머님은 독일 사람이셨다고 들었습니다. 아버님은 14개 국어, 어머님은 7개 국어, 그리고 박사님도 6개 국어를 구사하는 그야말로 국제적인 가족입니다.

호흐라이트네르 예. 먼저 스페인어는 제 교양어입니다. 독일어는 실제로 말할 기회는 적지만, 며칠 독일에 머무르면 편하게 말할 수 있는 정도입니다. 영어와 프랑스어는 직업상 쓰는 언어입니다. 러시아어는 알아듣는 정도이고, 제대로 말한 것은 열 살 때까지입니다. 라틴어나 그리스어는 문법 구조를 파악하고 있는 정도입니다.
부모님은 각자의 문화적 전통을 언제나 소중히 여기셨지만, 결코 편협한 태도를 취하지 않으셨습니다. 문화의 다양성에 대해 매우 개방적이고 관용적이셨습니다.
그러한 정신 속에서 자란 저는 인생의 도전과 기회를 신중하고 진지하게 받아들였습니다. 저는 발전을 촉진하기 위한 학문, 혁신, 교육에 종사해야 한다는 강한 사명감을 바탕으로 인생의 도전과 기회에 맞섰습니다.

이러한 삶의 태도와 때에 맞는 대담함 덕분에 제게 주어진 많은 기회를 적극적으로 받아들일 수 있었습니다. 대담함은 청년에게 필요한 자질이라고 생각합니다. 그리고 제게 주어진 그 기회를 살려 성실하고 열정적으로 노력했습니다.

이케다 박사님의 부모님은 모두 언어학자셨다고 들었습니다. 특히 부친은 『스페인어 어원사전』을 비롯한 많은 사전을 편찬한 것으로 잘 알려져 있습니다.

호흐라이트네르 아버지에 관해 물으시면, 몇 시간이고 계속 이야기할지도 모릅니다. 아버지를 떠올리면 마음이 벅차오릅니다.
아버지는 스페인 카스티야 지방의 가난한 농촌에서 태어났지만, 공부하기 위해 바스크 지방의 빌바오로 떠났습니다. 문헌학을 전공하고 나서 바스크어의 기원을 연구해 박사과정을 수료하셨지요. 초등학교와 중학교 교사를 거쳐 대학에서 교편을 잡으셨습니다.
아버지는 빌바오에서 매우 존경받는 분이셨습니다. 한

번도 허세를 부리는 모습을 보인 적이 없으셨고 자녀들과 어머니를 비롯해 모든 사람으로부터 깊은 존경을 받으셨습니다. 모범적인 아버지이자 남편이셨습니다.

이케다 박사께서 부친의 관대하고 고결한 인격을 물려받으셨다는 것이 느껴집니다.

호흐라이트네르 위대한 가치는 물질적 부가 아니라 지혜를 얻는 데 있다는 사실을 아버지께서 가르쳐주셨습니다. 물질적 재산에 전혀 사심이 없는 분이셨습니다. 인간이 만든 지혜의 산물인 과학기술을 찬탄했지만, 정작 그것을 이용하지는 않으셨습니다. 자동차 등 과학기술로 만들어진 것에는 전혀 관심이 없으셨고, 운전조차 못하셨습니다. 아버지는 항상 독서와 사색에 관심을 기울이셨습니다.
아버지는 학술적 영예도 많이 받으셨습니다. 특히 1971년 열린 학술기념식에서는, 제가 교육과학부 차관으로서 아버지에게 '알폰소 10세 현왕 대십자훈장'을 직접 수여하는 행복을 누렸습니다. 그때의 감동은 말로 표현할 수 없습니다.

아버지는 스페인 에스페란토(국제 공용어)협회 회장도 역임하셨습니다. 이 모든 것을 이룰 수 있었던 까닭은 한 분의 스승을 만나게 된 더없는 행운 덕분입니다. 바로 국민영예상 수상자인 이그나시오 헤호 박사입니다. 박사는 아버지께 지방의 초등학교에서 고등교육 과정 수준의 학문은 물론 속기술과 에스페란토어까지 가르쳐 주셨습니다.

이케다 에스페란토어는 인류를 하나로 연결하는 숭고한 도전입니다. 부친께서는 위대한 스승에게서 에스페란토어를 배우셨군요.

호흐라이트네르 에스페란토어는 자멘호프[08]라는 한 신사가 만들었습니다. 수많은 언어의 가장 좋은 부분을 인공적으로 선택해 구성한 언어입니다. 특정 문화나 정신 구조, 이익에 귀속되지 않는 세계적 언어라는 발상이 훌륭하다고 생각합니다. 아버지는 수많은 책을 에스페란토어로 번역하셨습니다. 에스페란토어는 아버지 삶의 원점이었습니다.

이케다 자멘호프는 러시아 제국의 지배를 받던 폴란드에서 살던 유대인입니다. 젊은 시절에는 일시적으로 시오니즘[09]에 심취했지만, 이후 민족주의를 넘어 '호마라니스모(인류인주의)'에 도달했습니다. 호흐라이트네르 박사께는 자멘호프가 지닌 '인류인'이라는 정신이 살아 숨쉬는 듯합니다. 자멘호프에게서 헤호 박사에게로, 헤호 박사에게서 부친에게로, 그리고 부친에게서 호흐라이트네르 박사에게로 숭고한 정신이 계승됐습니다. 위대한 인물이 탄생하는 배경에는 반드시 그런 사제(師弟)를 통한 '정신의 릴레이'가 있는 법이지요.

자멘호프는 "나는 인간이며, 전 인류를 하나의 가족으로 본다."라고 선언했습니다.(이토 사부로 『에스페란토의 아버지 자멘호프』, 이와나미신서)

마키구치 쓰네사부로(牧口常三郞) 선생님은 자신을 '세계시민'이라고 말씀하셨습니다. 그리고 도다 조세이(戶田城聖) 선생님은 아시아와 세계의 앞날을 생각하며 '지구민족주의'를 제창하셨습니다. 저도 그 사상을 계승해 행동했습니다.

그런데 학문에만 전념하신 부친을 지탱한 모친께서는 어떤 분이셨나요?

호흐라이트네르 어머니라는 존재는 '우리에게 생명을 내어주신 존재'입니다. 애정과 다정함, 감정을 주고 따뜻하게 감싸주는 존재입니다.

제 어머니는 열정을 가지고 자식을 위해 평생을 헌신하셨습니다. 어머니는 독일 뮌헨에 있는 바이에른 군주 가문의 전통 있는 유복한 가정에서 태어나셨지요. 아버지보다 열네 살 연하로 어머니는 원래 아버지의 제자였습니다. 문헌학을 공부한 후 로망스어[10]를 전공하기 위해 스페인으로 건너가 아버지를 알게 됐습니다. 아버지께서 여러 사전(서-독, 서-불, 서-영, 서-러 사전 등)을 편찬하실 때 더없이 소중한 협력자셨습니다.

아버지도, 어머니도 아이들의 자발성과 자유를 언제나 가장 중요하게 여기셨습니다. 우리에게 도움이 되는 것은 무엇이든 가르쳐 주셨고, 우리가 모든 면에서 자유롭게 자라기를 바라셨습니다.

아버지께서는 아흔두 살에 영면하셨습니다. 아버지께서는 눈이 불편한 상태를 경험해보고 싶다고 하셨습니다. 그리고 실제로 수술이 불가능한 백내장에 걸려 실명하셨습니다. "실명하는 경험을 한 번쯤 해보고 싶었다. 눈이 멀면 사색이 깊어지기 때문이야. 그것은 분명 훌륭한 경험이다. 시각은 항상 마음을 산만하게 하니까."라고 자주 말씀하셨습니다. 아버지께서는 어머니의 손을 꼭 잡고 서로 '여보'라고 부르며 행복하고 대단히 평온하게 영면하셨습니다. 이렇게 셀 수 없을 정도로 추억이 많습니다.

이케다 아름다운 인생 드라마입니다.
박사님은 6개 국어를 구사하시는데, 어학을 배우려면 무엇이 중요한가요? 그리고 부모님께서는 어떻게 가르치셨나요?

호흐라이트네르 무엇보다도 유년기나 청춘 시절에 학습을 시작하는 것이 중요합니다. 또한 언어를 쉽게 배울 수 있는, 애정 어린 환경이 매우 중요합니다.

아버지는 14개 언어를 구사하셨습니다. 어머니가 러시아어를 배우고 계실 때 제가 태어났습니다. 그래서 아기 침대에서 어머니가 제게 처음으로 건넨 말도 러시아어였고, 제가 처음 말한 언어도 러시아어였습니다. 그다음 어머니의 모국어인 독일어를 배웠습니다. 스페인 사람인데 스페인어를 배운 것은 그 뒤였습니다.(웃음)

아버지는 항상 자신이 아는 최선의 것을 전하려고 노력하셨습니다. 그리고 깊은 애정을 담아 누나와 제게 날마다 다른 언어로 대화하도록 하셨습니다. 오늘은 라틴어, 내일은 그리스어, 이런 식으로요.

아버지와 어머니는 언어를 사랑하셨습니다. 늘 자식들에게 언어의 어원과 어근에 대해 이야기하셨습니다. 언어를 단순히 수단으로서 배우게 하시 않으셨습니다. '한 문화에 경의를 표하는 마음으로 언어의 문화를 전하자.'는 생각을 가지고 있었습니다. 그래서 러시아어를 배울 때는 러시아의 문화, 예술, 전통을 스페인과 비교하며 말씀해 주셨습니다.

이케다 어학은 정말 중요합니다. 제가 청춘 시절을 보낼

때 군국주의 일본은 어리석게도 영어를 '적국의 언어'라며 금지했습니다. 이런 편협한 정신은 결국 나라를 파멸로 이끕니다. 다른 문화를 존중하고 배우려는 열린 정신이 중요합니다. 같은 인간으로서 서로를 존경하고 공감하며 연대할 수 있는 사람이 바로 진정한 세계시민이기 때문입니다.

호흐라이트네르 상대방을 이해하려는 마음이 어학을 배우고 향상시키는 데 큰 힘이 됩니다. 다른 문화와 이념, 그리고 신념에 마음을 열고, 적극적으로 알려고 노력해야 합니다.

저는 지금까지 일하면서 일어난 과제에 용기 있게 도전했습니다. 어떤 일을 하든지 진심을 다해 혼신의 힘을 쏟았습니다. 그렇게 하면 반드시 '창조의 힘', '혁신의 힘'이 샘솟았습니다. 이런 경험을 통해 어학 능력 향상에 없어서는 안 될 '상상력'을 키웠습니다. 오늘날 '상상력'은 '감성지수(EQ)'라고 불리며 매우 가치 있게 여겨지고 있습니다.

이케다 어학 습득은 지성과 감정 등 인간으로서 갖춘 모든 정신활동을 동원한 전인적 실천이어야 한다는 말씀이군요.

호흐라이트네르 그렇습니다. 제게는 확고히 물려받은 인생의 근본이 있습니다. 연로하신 아버지께서 이미 국제적으로 활동 중이던 제게 큰 깨달음을 주셨습니다.
"세계에 관심이 있는 국제적인 사람이 된 너에게 해줄 말이 있다. 다양한 사람들과 대화하고, 그들을 이해하려면 자신의 뿌리를 심화해야 한다. 그것을 잊지 않았으면 좋겠다."
매우 구체적이고 한정된 현실 속에서도 사람은 사람으로부터 배우고, 사람의 아름나움을 볼 수 있습니다. 그리고 남을 이해하려면 자신의 장단점을 포함한 근본을 진정으로 알아야 합니다.

이케다 맞습니다. 무엇보다 '인간으로서'의 근본을 심화해야 합니다. 제 은사 도다 선생님과 그 스승이신 마키구치 선생님은 단 한 번도 해외에 나간 적이 없으셨습니다. 저는 그 제자로서 세계 54개국을 돌며 그 나라의 지도자들과 대화를 나누었습니다. 그 결론으로 마키구치 선생님과 도다 선생님의 인간주의 사상과 행동에는 최고의 보편성이 있다는 확신을 가지게 되었습니다.

저의 98%는 은사에게 배운 것

호흐라이트네르 이번에는 제가 이케다 회장님과 같은 세계시민은 어떻게 탄생했는지 여쭙고 싶습니다.
그 뿌리는 지금 말씀하신 것처럼 도다 회장님께 있다고 생각합니다. 저는 도다 회장님의 사상에 흥미를 가지고 있습니다.

이케다 좀 전에 박사님이 "아버지를 생각하면 가슴이 벅차오른다."고 말씀하셨는데, 저는 은사를 생각하면 가슴이 벅차오릅니다. 지금의 저를 이루는 '98%'는 은사에게 배운 것입니다.

도다 선생님은 일본 이시카와현에서 태어나 홋카이도 아쓰타무라의 어촌에서 자라셨습니다. 교육자의 길을 걷던 중 인생의 스승인 마키구치 선생님을 만나셨습니다. 박사님의 부친께서 헤호 박사를 만난 것처럼 말이죠. 창가학회의 전신인 창가교육학회는 인간교육의 탐구자이자 사제 관계인 두 사람이 창립한 단체입니다.

호흐라이트네르 이케다 회장님은 어떻게 도다 회장을 만나셨는지요? 또 도다 회장을 인생의 스승으로 모시게 된 계기는 무엇인지요?

이케다 제2차 세계대전이 끝나고, 제가 열아홉 살이던 1947년에 도다 선생님을 만났습니다. 당시 일본은 군국주의 붕괴 이후 가치관의 대혼란기에 빠져 있었습니다. 저는 친구로부터 '생명철학'에 관한 모임에 초대받았습니다. 당시 저는 베르그송[11]의 생명철학에 심취해 있었습니다.

그 모임에 도다 선생님이 계셨습니다. 선생님의 이야기

를 듣다 보니 불법(佛法)이라는 것을 알게 됐습니다. 그러나 승려처럼 설교하지 않으셨습니다. 철학자처럼 난해한 이론을 늘어놓지도 않으셨습니다. 현실 생활과 사회에 입각해 자유분방하면서도 예리한 통찰을 더해 말씀하셨습니다. 무엇보다 말씀 이전에 드러나는 '인간성'에 매료됐습니다.

질문을 권유받은 저는 마음속에 품고 있던 의문을 솔직하게 털어놓았습니다. "올바른 인생이란 무엇입니까?", "진정한 애국자란 어떤 사람입니까?", "천황을 어떻게 생각하십니까?" 돌아온 답은 성실했으며 그 본질을 꿰뚫고 있었습니다. 그 순간 간절히 추구하던 진리가 마치 생명처럼 생생하게 다가오는 느낌을 받았습니다.

도다 선생님의 인격을 접하고 '이분이라면 믿을 수 있다.'는 생각이 들었습니다. 돌이켜보면 불법의 '위대한 지혜'가 도다 조세이라는 '위대한 인격'으로 드러난 것이었습니다.

호흐라이트네르 전쟁이라는 시대적 경험이 그 결심에 깊이 관여했습니까?

이케다 물론 큰 영향을 미쳤다고 생각합니다.

도다 선생님은 마키구치 선생님과 함께 부도덕한 침략 전쟁에 반대하다가 군부 권력의 탄압을 받아 투옥되셨습니다. 마키구치 선생님은 옥사하셨고, 도다 선생님은 2년간의 감옥생활을 견디고 출옥하셨습니다.

이 사실이 결정적인 계기가 됐습니다. 당시 제게는 '전쟁에 반대해 감옥에 들어갔는지'가 인간을 평가하는 척도였습니다. 소로[12](Henry David Thoreau)는 "부당하게 인간을 투옥하는 정부 아래에서는 감옥이 올바른 인간이 살아가기 적합한 곳"이라고 말했습니다.(『시민의 저항 외 5편』이다 미노루 번역, 이와나미문고) 페체이 박사나 도다 선생님처럼 자신의 신념을 관철하다 감옥에 갇혀 투쟁한 사람에게는 숭고한 정신의 빛이 서려 있습니다.

호흐라이트네르 창가학회의 사상은 '한 사람의 인간 변혁이 사회 변혁에 커다란 힘을 가진다.'는 것으로 이해하고 있습니다. 도다 회장은 이 사상을 어디에서 깨우치셨는지요?

이케다 바로 감옥에서 투쟁하던 때였습니다.

도다 선생님께서는 이렇게 회상하셨습니다.

"나는 2년 동안 감옥에 갇혀 있었다. 괴로웠지만 지금 생각해 보면 얻은 것이 많았다. 이 2년간의 어둡고 괴로운 감옥 생활이 없었다면, 위대한 불법을 회득(會得)하지 못했을 것이다. 인생 최고의 숭고한 목적을 위해 살지 못했을 것이다."

도다 선생님께서는 가혹한 박해와 엄연히 싸우면서 불교의 진수를 가르치는 경전인 『법화경』을 탐구하시며 '자신'의 근원을 사색하고 깊이 파고드셨습니다. 그리고 모든 사람에게 공통된 '생명'을 기반으로 하는 '우주적 생명'을 깨달으셨습니다.

생명의 근원에 엄연(儼然)히 존재하는 '우주적 생명'에 눈을 뜨고, 자기 몸에 용현시켜 고뇌하는 사람들과 사회를 구제하기 위해 행동하는 삶을 관철해 나가는 인격을 『법화경』에서는 '지용보살'이라고 칭송합니다.

도다 선생님께서는 한 사람 한 사람이 이 존귀한 생명을 체현하는 것을 '인간혁명'이라고 부르셨습니다.

출옥 후 제2차 세계대전이 끝나고 황야에 선 도다 선생

스승 도다 조세이 선생님(오른쪽)과 함께한 이케다 SGI 회장
(1958년 3월, 시즈오카) 사진제공: 세이쿄신문사

님의 간절한 염원은 오직 "이 세상에서 '비참'이라는 두 글자를 없애고 싶다!"는 것이었습니다.

이를 위해서는 모든 사람이 자신의 '인간혁명'을 달성하는 것이 근본이라고 확신하셨고, 창가학회를 재건해 '인간혁명' 운동을 펼치셨습니다.

호흐라이트네르 그 운동에 이케다 회장님도 동참해 도다 회장님 곁에서 노고를 아끼지 않으셨군요.

이케다 예. 저는 도다 선생님께 최고의 가르침을 받았습니다. 도다 선생님을 스승으로 섬긴 일은 어떤 고생도 최고의 기쁨으로 승화될 만큼 소중한 일이었습니다.

도다 선생님을 만나고 2년 뒤에 야학에 다니며 선생님이 경영하시던 출판사에서 근무했습니다. 그러나 경제의 대혼란 속에서 선생님의 사업은 파산 위기에 처하게 됐고, 직원들이 모두 떠나고 저 혼자만 남게 됐습니다.

어느 날 선생님이 제게 학업을 그만두고 실패한 사업을 재건하기 위해 일했으면 좋겠다고 부탁하셨습니다. 저는 곧바로 "선생님 말씀대로 하겠습니다."라고 대답했습니다. 선생님은 "고생시켜서 미안하네. 내가 자네 계획을 망쳐버렸구나."라며 눈물을 글썽이셨습니다. 그리고 직접 모든 분야의 학문을 가르쳐 주셨습니다.

이른바 '도다대학'은 제게 그 어떤 대학보다도 뛰어난 최고의 대학이었습니다. 선생님이 타계하시기 바로 전 해까지 강의는 계속됐습니다. 경제학, 법학, 정치학, 화학, 천문학, 생명론 등 과학뿐 아니라 일본사, 세계사, 한문까지 생명을 깎듯이 가르쳐 주셨습니다.

호흐라이트네르 도다 회장에게 모든 분야에 걸쳐 학문을 배우셨군요.

이케다 맞습니다. 도다 선생님은 무엇보다 서민을 깊이 사랑하셨습니다. 서민들 속에 들어가 서민과 함께 고락을 나누며 불법을 널리 전하셨습니다. 그 모습은 니치렌(日蓮) 대성인의 "일체중생(一切衆生)이 이(異)의 고(苦)를 받음은 모두가 이는 니치렌 일인(一人)의 고가 되느니라."(어서 758쪽)[13]는 말씀대로였습니다.

또 도다 선생님은 불법의 자비 정신을 바탕으로 일찍이

'지구민족주의'를 제창하셨고, 나아가 모든 핵무기를 용납하지 않는 '원수폭금지선언'을 발표하며 청년에게 의탁하셨습니다. 세계 190개국(대담 당시 기준)으로 넓혀진 SGI의 평화운동은 도다 선생님의 이상(理想)을 구현한 것입니다.

지금도 선생님에 대한 감사의 마음은 끝이 없습니다. "스스로 존귀한 생명에 눈을 떠라!"고 인류의 각성을 위해 투쟁하신 스승을 선양하는 일, 그것이 제게는 최고의 긍지이며 최고의 사명이라고 생각합니다.

함께 바라보는 동과 서
인간혁명과 지구혁명

제3장
스페인의 풍토와 문화

스페인의 풍토

이케다 호흐라이트네르 박사의 고향인 스페인의 문화와 지리를 여쭤보고, 박사님과 같은 '세계시민'을 낳은 스페인의 정신에 대해 이야기를 해보죠.
스페인이라고 하면 '태양의 나라'라는 이미지가 있습니다. 가장 살기 좋은 지역은 어디인가요?

호흐라이트네르 살기 좋은 지역은 사람마다 다를 것입니다. 또 문화적, 정신적으로 신뢰할 수 있는 친구나 지인이 근처에 있는지에 따라 종종 달라집니다.
스페인의 가장 큰 지리적 특징은 해안과 산이 많은 중심부의 매우 다양한 경치를 꼽을 수 있습니다. 기후는 지역에 따라 다소 차이가 있지만, 대체로 햇볕이 찬란하게 내리쬐는 나라입니다.
개인적으로 제 뿌리라고 생각하는 빌바오와 팔렌시아를 좋아합니다. 빌바오는 스페인 북부에 있습니다. 영광스럽게도 빌바오시의 '명예영사'를 맡고 있는데, 저는 그

곳에서 나고 자랐습니다.

산업 도시인 빌바오는 '안개비'로 유명합니다. 또 1997년에 개관한 구겐하임 빌바오 미술관 덕분에 인지도가 더욱 높아졌습니다.

팔렌시아는 스페인 중북부에 있습니다. 그곳은 아버지가 태어나고 제가 '명예시민'이 된 곳입니다.

스페인 외에도 좋은 추억을 간직한 그리운 지역이 많습니다. 특히 뮌헨, 보고타, 파리, 워싱턴이 그렇습니다. 저는 헌신적인 스페인 사람일 뿐 아니라 동시에 유럽인, 나아가 세계시민이라고 마음속 깊이 느끼고 있습니다. 지금까지 저는 국제단체의 사절로 파견되거나 세계 각 대륙의 회합에 광범위하고 빈번하게 참석했습니다. 그리고 탄자니아, 아프가니스탄, 특히 콜롬비아 등에서 명예시민 칭호를 받으면서 제가 세계시민이라는 생각이 더욱 강해졌습니다.

이케다 풍부한 국제 경험을 쌓은 박사님처럼 직접 경험해본 사람만이 알 수 있는 감정이겠지요.

스페인 지도 ⓒ연합뉴스

호흐라이트네르 수년간 해외에서 생활한 뒤 카스티야 레온주 바야돌리드 출신인 아내와 함께 햇살이 가득한 팔렌시아(팔렌시아는 바야돌리드에서 가까운 곳에 있습니다.)로 돌아왔을 때 저는 무심결에 이렇게 말했습니다.
"바야돌리드와 팔렌시아는 우리 마음의 고향이다!"

이 마음이 전해졌는지 비야비우다스 마을 옆에 있는 레이노소 델 세라토 마을 대표가 산기슭에 있는 땅을 우리에게 팔았습니다. 우리는 그 땅에 아몬드 등의 씨앗을 뿌리고 나무를 심었습니다. 우리가 '몬테 파스'(평화의 언덕)라고 이름 붙인 그 땅에서는 제 부모님께서 잠들어 계신 비야비우다스 마을의 묘지가 내려다보입니다. 몬테 파스는 제게 인류의 미래와 자연에 대해 사색하고 집필하기 위한 최고의 공간이었습니다.

이케다 박사님의 성실한 인격과 함께 아름다운 스페인의 풍경이 떠오르는 듯합니다. 남유럽 특유의 강하고 눈부신 햇살 덕분에 스페인 사람들은 열정적이며 밝고 유쾌합니다. 어떤 장애도 극복할 수 있는 힘이 있습니다. 스페인의 카나리아제도에도 SGI 멤버들이 많습니다. 열정적으로 단결하며 사이좋게 전진하는 벗들에게 "콜럼버스가 신대륙으로 향하던 항해 중 기항했던 카나리아제도에서, 인간주의 시대를 열 '항해자'가 끊임없이 길러지길 바란다."고 격려했던 순간도 그립습니다.

호흐라이트네르 세월이 흐른 지금, 예전에 비해 남쪽 지방에 갈 기회가 많아졌습니다. 마드리드도 날씨가 온화해서 살기 좋은 곳입니다. 기온이 너무 올라갈 때도 있지만, 가까운 산으로 피서를 갈 수 있으니까요.

그러나 제게 가장 중요한 '풍토학'은 인심이 넘치는 따뜻함입니다. 다양한 것을 서로 나눌 수 있는 사람들과 친구들이 있는 곳이 제게는 가장 편안한 곳입니다. 종종 우리는 글을 읽지 못하는 노인들과 교류하며 그들의 문화에 담긴 특유의 지혜를 배우기도 합니다.

이케다 아무리 살기 좋은 기후라고 해도 인간관계의 어려움에 시달리거나 생명력이 약해진다면 그곳은 괴로움에 휩싸인 곳이 됩니다. 반대로 아무리 열악한 풍토라도 인간은 그곳을 자신이 성장하는 곳으로 바꿀 수 있는 무한한 생명력을 지니고 있습니다.

마키구치 선생님도 『인생지리학』에서 자신과 주위 환경은 때와 상황의 변화에 따라 다양한 관계를 맺는다고 말씀하셨습니다.

사람들의 마음이 우정, 지혜, 신뢰 등의 선성(善性)으로

채워질 때, 그 풍토도 희망이 넘치는 천지로 빛을 발하게 됩니다.

호흐라이트네르 정말 그렇습니다.
스페인을 찾는 외국인 중 대다수는 일광욕을 즐기기 위해 지중해 연안에 있는 코스타 델 솔 지방을 찾습니다. 그러나 저는 일광욕을 하러 어디로 가는지는 중요하지 않다고 생각합니다. 최근 이상기후에 따른 변화로 사람들이 지나치게 덥거나 건조하지 않은 '햇볕'을 찾아 북유럽으로 갈 수도 있겠지만, 그렇게 되지 않기를 바랍니다.

이케다 최근 이상기후가 계속되고 있습니다.
2003년 8월 상반기에 유럽을 강타한 폭염은 각지에 큰 피해를 안겼습니다. 스페인에서 1천 명이 넘는 귀중한 생명이 희생된 것을 비롯해 포르투갈에서 1천300여 명, 프랑스에서는 1만여 명의 사망자가 발생했다는 보도가 있었습니다.
폭염과 지구온난화의 연관성은 다양한 방식으로 논의되

고 있지만, 재난 피해를 줄이기 위해 자연과학, 의료, 복지를 포함한 다양한 대책을 마련해야 합니다.

박사님의 고향인 빌바오는 바스크 지방에 있습니다. 이곳 풍토의 아름다움은 세계적으로도 유명합니다. 박사님께서는 그 매력이 무엇이라고 생각하십니까?

호흐라이트네르 바스크 지방에서 가장 매력적인 곳은 완만한 산들입니다. 좁고 작은 산길은 체력이 약해도 오를 수 있고, 내려가는 길에는 소나무 숲과 풀밭을 조망할 수 있는 계곡이 펼쳐집니다. 그곳에는 소나무 숲과 풀밭의 향기, 그리고 해안에서 전해지는 갯내와 공기가 어우러져 있습니다. '빌바오의 관문'이라 불리는 네르비온은 바다와 연결된 만(灣) 형태를 띤 강으로, 지리적으로도 매우 중요한 역할을 해왔습니다.

바스크 지방은 여러 계곡과 완만한 산들, 그리고 몇몇 험준한 산들이 이어지는 땅입니다. 저는 여러 차례 그 산들을 올랐습니다. 젊은 시절, 제게 산책은 체력을 기르기 위한 주된 운동이었습니다. 그렇지만 그곳에서 가장 멋진 추억은 역시 '카세리오스'(작은 촌락)라는 곳에

사는 시골 사람들과 만나 따뜻한 우정을 나누었던 기억입니다. 이 카세리오스는 주변에 소를 풀어 기르는 방목지입니다.

이케다 바스크 지방이 '바스크 지방자치주'라고 불리는 것처럼, 현재 스페인 왕국은 자치주 17곳과 자치도시 2곳이 결합해 각각의 풍부한 문화적 전통을 간직하며 조화롭게 발전하고 있습니다. 그 결합과 조화에서 얻어진 '지혜'는 인류에게 큰 자산이 됩니다.

호흐라이트네르 통합과 통일은 스페인이 오랜 역사 속에서, 그리고 후안 카를로스 1세 국왕의 리더십 덕분에 이룩한 위대한 업적입니다. 스페인은 '서쪽'의 기독교 문명과 '동쪽'의 이슬람 문명을 경험했고, 자치주마다 다양한 문화적 전통이 있지만, 서로 강한 친밀감으로 연결돼 있습니다.
제 아내는 자신의 혈통에 대해 질문을 받으면, 국제적인 회합에서 여러 차례 대답한 것처럼 항상 이렇게 말합니다.

"스페인 사람이라면 누구나 그렇듯, 제게는 아랍과 유대인의 피가 흐르고 있습니다."
이 말에 놀란 표정을 감추지 못하는 사람들도 있습니다. 그러나 우리에게는 아랍인과 유대인의 피는 물론, 로마인과 페니키아인의 피가 흐르고 있다는 사실을 인정해야 합니다. 게다가 독일계인 제 할머니 가문은 스위스 출신인데, '호엔(Hoeng)'이라는 성은 당시 존재했던 아시아계 대이주에서 유래한 것으로 전해집니다.
이것은 굉장한 일입니다. 세계는 하나입니다.

이케다 바야흐로 경제의 세계화[14], 컴퓨터 등 통신수단의 발달로 '세계는 하나'라는 흐름은 거스를 수 없이 강력해졌습니다. 이러한 '전환기'를 맞이 대화를 통한 문명 간 상호 이해를 깊이 다지는 것이 더욱 중요해졌습니다. 그런 의미에서 스페인이 걸어온 '조화와 융합의 역사'는 앞으로도 인류에게 큰 시사점을 안겨줄 것입니다.

호흐라이트네르 감사합니다. 제게는 유대인이나 이슬람교도 등 모든 사람이 존경받아 마땅한 사람들입니다. 저는 단순히 관용의 관점을 넘어 그 사람들에 대한 깊은 존경심을 가지고 말하고 행동합니다. 이스라엘 사람, 팔레스타인 사람, 그리고 아랍, 아프리카, 아시아, 남·북아메리카 각국에도 친한 친구와 동료가 많습니다.

이케다 우정은 사람과 사람을 연결하고 사회와 세계를 평화로운 방향으로 이끌 수 있습니다. 저는 토인비 박사를 비롯해 페체이 박사, 테헤라니안 박사, 야먼 박사 등과 같은 학자와 저우언라이[15] 중국 총리, 고르바초프[16] 전 소련 대통령, 만델라 전 남아공 대통령 등 정치인을 포함해 여러 나라에서 다양한 종교와 사상을 가진 사람들과 솔직한 대화를 이어 왔습니다.
우리 SGI가 펼친 대화의 물결은 유럽과 미국을 비롯해 아시아, 남미, 아프리카 등 전 세계에 영향을 미치고 있습니다. 그리고 각각의 국민성, 민족성, 문화와 예술을 서로 배우며 상호 이해와 우정을 쌓아왔습니다.
스페인에 관심은 있지만 바빠서 갈 수 없다는 분들도 있을 듯합니다.(웃음) 그래서 스페인에 대해 조금 더 여쭤보고 싶습니다.

호흐라이트네르 기쁘군요. 사랑하는 모국에 관해 이야기하는 일은 제게도 큰 기쁨입니다.

모든 문화, 사상, 신념에 대한 이케다 회장님의 열린 마음을 제가 얼마나 높이 평가하는지 말씀드리고 싶습니다.

이 열린 마음은 회장님의 저서를 비롯해, 다양한 분야에서 존경받는 저명한 인사들과 나눈 걸출한 대담에서도 여실히 드러납니다. 물론 그 인사들 중에는 제가 가장 경애하는 친구이자 선배인 로마클럽 창립자 페체이 박사도 포함되어 있습니다.

스페인의 정신

이케다 스페인과 일본의 교류는 약 450년의 긴 역사를 가지고 있습니다. 일본을 처음 방문한 스페인 사람은 프란시스코 하비에르인데, 현재 스페인에서는 그를 어떻게 평가하고 있습니까? 또 스페인에서 저명한 일본인을 꼽는다면 누구입니까?

호흐라이트네르 프란시스코 하비에르의 이름은 일본에서 자주 들었습니다. 스페인에서는 선교사로서 높은 평가를 받고 있지만, 일본에서만큼 저명한 인물은 아닙니다. 스페인에서 가장 유명한 일본인이 누군지를 묻는 질문에는 역대 천황이나 주요 정치인을 제외하면 선뜻 대답하기 어렵습니다. 스페인에서 잘 알려진 것은 일본의 하이테크 기업이나 제품명입니다. 스페인에서는 일본인이라고 하면 곧잘 '참 유능하고 현명하며 교양 있는 사람들'이라는 이미지를 떠올리지만, 정작 누군가 특정한 사람의 이름을 떠올리지는 못합니다.
제가 같은 질문을 받는다면 당연히 '이케다 다이사쿠'라고 대답할 것입니다. 제게는 가장 저명하고, 존경할 만한 일본인이기 때문입니다.

이케다 황송합니다. 어쨌든 일본인은 집단적으로 행동하고 활동하며 '개인'의 얼굴을 잘 드러내지 않습니다. 이는 서로 발목을 잡는 '섬나라 근성'과 자기규율성의 결여와 연관이 있다고 생각합니다.
스페인 하면 '투우'와 '플라멩코'가 유명합니다. 그 매력이 무엇이라고 생각하십니까?

호흐라이트네르 우선 저는 투우 애호가가 아니라는 점을 말씀드려야겠습니다. 또 투우를 '정말 끔찍하다'고 말하는 해외 친구들이 있다는 사실도 덧붙여야겠습니다. 이 점을 전제로 말씀드리면 스페인 사람들이 피와 죽음을 좋아해서 투우를 관람하는 것은 아닙니다. 실제로 소를 찌르는 방법이 서투르거나 소가 여러 번 찔리는 모습을 혐오합니다.
사람들이 발레를 감상하는 것처럼, 하나의 예술적 표현으로 여겨 '투우'를 보러 가는 것입니다. 투우사와 황소 사이에 벌어지는 삶과 죽음의 춤을 감상하러 가는 것입니다.

이케다 잘 알겠습니다. 플라멩코는 어떻습니까?

호흐라이트네르 저는 스페인 남부에 가게 되면서 플라멩코를 자주 접했습니다. 매우 활달하고 부지런하고 생기 넘치는 안달루시아 사람들과 교류하며 무엇을 하든 기쁨을 느끼고, 언제나 노래를 부르며, 자녀들과 함께 축제 분위기를 즐기는 그들의 모습에 친근감을 느꼈습니다. 그러면서 자연스럽게 플라멩코의 춤과 음악도 이해하게 됐습니다.

플라멩코가 마음에서 우러나오는 안달루시아 문화의 산물이라는 사실을 깨달았습니다. 이전에는 관광객을 위해 추는 춤이라고 생각했지만, 안달루시아 사람들이 마음속 깊이 느끼는 춤이라는 사실을 알게 됐습니다.

플라멩코는 하나의 고정된 춤이 아니라 예술을 표현하는 하나의 형식이며, 스페인을 대표하는 춤입니다. 음악과 평화는 하나가 돼 나아가는 법입니다. 아프리카 마사이어에서 '음악'과 '평화'는 같은 말입니다.

이케다 생명의 역동성을 표현하는 예술은 사람들에게 위대한 감동을 줍니다.

불전에도 "가섭존자(迦葉尊者)가 아닐지라도 춤을 추어

라. 사리불(舍利弗)이 아니더라도 일어서서 춤을 추어라. 상행보살(上行菩薩)이 대지(大地)에서 나오실 때는 춤추며 나오셨느니라."(어서 1300쪽)는 말씀처럼, 예술은 오묘한 인간 생명의 승화이며, 인간 상호 간의 이해를 촉진하는 만국 공통의 커뮤니케이션이기도 합니다.

예술을 이야기할 때 스페인은 피카소, 미로, 달리 등 20세기 미술계의 거장들을 연이어 탄생시킨 나라로 잘 알려져 있습니다. 이러한 현상의 이유는 무엇이라고 보십니까?

호흐라이트네르 스페인이 미술계의 거장을 많이 배출한 이유는 그림자와 형상을 더욱 두드러지게 하는 스페인의 '햇볕'에 있다고 생각합니다. 지중해 지방이 따가운 햇살이 미적 정신인 예술에 윤활유와 같은 존재가 된 것입니다. 이른바 '지중해적 창조'라고 할 수 있습니다.

소로야도 그 대표적인 화가입니다. 또 현재의 하이퍼리얼리스트(초현실주의자)뿐 아니라 고야, 그레코, 무리요 등 보편적 가치를 지닌 거장들이 스페인에서 배출됐습니다.

이케다 확실히 지중해 쪽은 햇볕이 강하고 사물의 윤곽과 그림자가 뚜렷해 '빛과 그림자'의 대비가 선명합니다.

호흐라이트네르 과학기술에 대한 재능과 조직화하는 능력을 발견하려면 일본에 가야 할 것 같습니다. 팀으로 일하는 감각을 배우려면 미국을 방문해야겠지요.
그러나 스페인의 특징은 몇몇 분야 외에 지방색과 그 지역에 사는 사람들의 다양성, 햇빛, 의사소통할 때의 풍부한 표현력, 배꼽을 잡고 웃는 모습이나 쉴 새 없이 수다를 떠는 모습, 특히 창의적인 상상력 등을 들 수 있습니다.
제가 보기에 이것이 미술계의 거장들이 탄생한 이유이며, 앞으로도 이런 사람들이 계속 나오기를 희망합니다.

이케다 '투우', '플라멩코', '미술'과 함께 스페인을 대표하는 것으로 문학을 꼽을 수 있습니다. 특히 세르반테스의 『돈키호테』는 60개 이상의 언어로 번역돼 전 세계에서 사랑받고 있습니다. 저도 청춘 시절에 애독했습니다.
도스토옙스키는 "이런 책은 수백 년에 한 번 나올까 말까 한 인류의 선물이다. 또 이렇게 파헤친 인간 본질의 가장 심오한 일면은 이 책의 어느 페이지에서나 발견할 수 있다."(『작가의 일기』 3, 오누마 후미히코 번역, 『도스토옙스키 전집』 14 수록, 쓰쿠마쇼보)고 말했습니다.

호흐라이트네르 이 책은 스페인 문학의 가장 뛰어난 보배이자 스페인어를 대표하는 권위 있는 고전입니다. 이 작품의 매력은 스페인 사람들이 되기를 바라지만 닿기 어려운 이상적인 인물을 담고 있다고 생각합니다. 당당하게 말하고, 관대하며, 진지하고, 의지할 가족이 없는 사람들을 옹호하고, 가치 있는 것을 지킬 수 있는 그런 사람은 스페인 사람뿐 아니라 전 세계 사람들이 마음속에 그리는 이상입니나.

돈키호테는 모든 사람에게 매력적인 인물입니다. 누구나 그 씩씩하고 신사적인 풍모를 지닌 라만차의 돈키호테 같은 인물이 되기를 꿈꿉니다.

또한 평온하고 소박한 삶을 누리며, 주인에게 충성을 다하고 머리가 그리 나쁘지 않은 돈키호테의 시종, 배불뚝이 산초 판사(Sancho Panza)처럼 살아가길 바라는 마음도

엿보입니다.

이케다 『돈키호테』에는 다음과 같은 말이 나옵니다. "행동할 때는 용감하게, 고난에 맞닥뜨려도 강한 인내심으로, 곤경에 처한 사람에게는 자비롭게", 그리고 "진리의 옹호자, 다시 말해 목숨을 바치더라도 진리를 지키는 사람이 돼야 합니다."(『돈키호테』 후편 1, 우시지마 노부아키 번역, 이와나미문고)
세르반테스가 문학을 통해 전한 '진실'은 시대를 초월해, 아니 시간이 흐를수록 더욱 빛나며 입에서 입으로 전해지고 있습니다.
『돈키호테』에 대해서는 이후에 기회가 되면 다시 이야기를 나누도록 하지요.
스페인에서는 세르반테스 외에도 국민 문학가로 시인 로르카를 꼽을 수 있습니다.
"강물은 오렌지 꽃을, 올리브 열매를 나른다/ 안달루시아여, 너의 바다로/ 아, 허공으로/ 사라져버린 사랑이여!" (나카마루 아키라 『로르카-스페인의 혼』 슈에이샤) 이것은 로르카가 쓴 시의 한 구절입니다.

제3장 스페인의 풍토와 문화

호흐라이트네르 그렇습니다. 정말 잘 알고 계시네요.

이케다 그는 서른여덟 살이 되던 해, 스페인 내전 발발 이후 총살을 당하는 비운을 겪었습니다. 아름다움의 극치를 끝까지 추구한, 짧지만 강렬하고 정열적인 인생이 제 마음에 강한 인상을 남겼습니다.

호흐라이트네르 저 역시 가르시아 로르카의 작품을 매우 좋아합니다. 또 카스티야 지방 출신의 시인 안토니오 마차도도 인상 깊은 인물입니다. 저는 빌바오에서 태어나 빌바오에서 자랐지만, 제 뿌리가 카스티야 지방에 있기 때문인지도 모르겠습니다.
마차도는 일시적인 양심이나 정열에서 나온 발언이 아니라 오랫동안 실천한 행동이야말로 그 사람의 성과이며, 그것이 그 사람의 본질이라고 주장했습니다.
평생에 걸친 양질의 교육과 학습, 그리고 인간주의 정신의 함양은 모든 사람을 위한 것이며, 이는 지속가능발전과 세계 평화에 기여합니다. 그것이 제 평생에 걸쳐 노력하고자 하는 목표이자 존재 이유이고, 그 생각은 더욱 강해지고 있습니다.

스페인 사람으로서 저는 항상 세계에 열린 문화에 뿌리를 두고 살아왔습니다. 덕분에 진정한 세계시민으로서의 자각을 갖게 됐고, 국제적 사명과 시야를 지닌 기관과 활동에 깊이 관여하고 헌신하는 데도 큰 도움이 됐습니다.

이케다 시사하는 바가 많은 이야기입니다. 저 역시 도다 선생님께 물려받은 '세계 평화'라는 지표를 평생 동안 실천해왔습니다. 1983년부터 평화 구축을 위한 '1.26 SGI의 날' 기념 평화제언도 발표했습니다. SGI도 뉴욕 유엔본부에서 열린 '핵위협전(展)'[17]을 비롯해 세계 각지에서 평화운동을 추진하며 인권과 환경 등의 측면에서도 평화의 네트워크 형성을 지향해 왔습니다. 그 행보는 앞으로도 변함없이 이어질 것입니다.

스페인은 유구한 역사와 풍부한 문화를 지닌 나라입니다. 사람과 사람 사이의 인간적인 교류가 있고, 밝은 웃음이 있습니다. 훌륭한 인간공화(人間共和)의 정신이 살아 숨 쉬고 있습니다.

함께 바라보는 동과 서
인간혁명과 지구혁명

제4장
스페인 국왕

잊지 못할 수여식

이케다 1998년 2월 11일, 필리핀 마닐라 호텔은 각계 지도자들로 붐볐습니다. 이 자리에서 스페인의 국왕 후안 카를로스 1세께 수여하는 '리살 대십자 훈장'[18] 수여식이 성대하게 거행됐습니다.

필리핀을 방문 중이던 저도 아내와 함께 이 수여식에 초대받았습니다. 저 역시 같은 훈장을 받은 사람으로서 국왕의 훈장 수여를 축하하기 위해서였습니다. 참석자는 천 명 정도였을까요? 단상에서 영광스럽게도 제가 훈장 증서를 전달하자 국왕께서는 악수를 하며 환하게 웃으셨습니다.

기념식에 앞서 따로 마련된 방에서 인사를 나눌 때 저는 스페인의 민주화를 이끈 역사를 기리며 '스페인의 태양, 평화의 대왕'이라는 제목의 장편시를 국왕께 선물했습니다. 국왕의 세련된 품격 너머에 강인한 인격의 힘이 넘치고 있음을 강하게 느꼈습니다.

호흐라이트네르 이케다 회장님과 국왕의 만남은 저도 매우 기쁘게 생각합니다. 제가 국왕을 뵈었을 때 국왕께서는 이케다 회장님과의 만남을 정말 친근하게 말씀하셨습니다.

이케다 황송하기 그지없습니다.
'어둠이 깊을수록 새벽은 가깝다.'는 말처럼, 태양과 같은 국왕의 등장은 스페인에 여명을 열어줬습니다.
1975년까지 36년간 이어진 프랑코[19] 정권은 인권을 억압하고 스페인을 '유럽의 고아'로 만들었습니다. 제가 1961년 마드리드를 방문했을 때도 도시는 예상보다 한산하고 적막했습니다. 확실히 겉으로는 질서가 유지되고 치안도 좋아 보였습니다만, 그 이면에 자유를 빼앗긴 민중의 고뇌를 볼 수 있었습니다.
그런데 22년 후인 1983년, 제가 본 스페인은 다른 나라처럼 활기가 넘쳤습니다. 유럽 최고의 경제 성장을 거듭하며 1992년에는 '바르셀로나 올림픽'과 '세비야 엑스포'를 성공적으로 치렀습니다. 스페인의 약진에 세계가 주목했습니다. 이 대전환의 회전축이 바로 후안 카를로스 국왕입니다.

국왕에 대한 이야기에 앞서 독재자 프랑코에 대한 이야기를 먼저 해볼까 합니다. 프랑코는 1939년 공화국군을 무너뜨리고 독재정권을 세웠지요?

호흐라이트네르 프랑코는 자신의 잠재력을 스페인 국가를 위해 사용하는 데 완전히 실패했습니다. 처음에 그는 스페인의 보호령이던 모로코에서 가장 젊고 뛰어난 청년 장군으로 명성을 얻었습니다. 제가 알기로는 스페인 내전[20]이 발발했을 무렵, 처음 음모를 꾸민 군인들 중에 프랑코는 포함되지 않았습니다. 하지만 전투를 지휘할 인물을 찾던 군인들은 결국 프랑코를 선택했습니다. 그 이후의 진상은 알 수 없습니다. 그러나 공화국에 반란을 꾀한 파시스트와 민족주의 지도자들은 모두 목숨을 잃었고, 프랑코는 후계자로 지목된 이들을 제압하며 전권을 장악했습니다. 전투를 지휘하기 위해 고용된 장군이 갑자기 절대 권력의 야망을 드러냈습니다.

이케다 억압이 시작된 것이군요.

호흐라이트네르 프랑코의 군사적 계략과 야만적인 억압 행위로 인해 공화국군은 퇴각했습니다. 모든 전쟁이 다 끔찍한 일이지만, 이 전쟁에서 가장 끔찍한 것은 양측을 막론하고 스페인에서 서로 죽인 사람의 합계가 100만 명이 넘는다는 점입니다.

그러나 가장 비난받아야 할 것은 반공화국 세력이 승리를 거둔 뒤 시작된 탄압입니다. 즉결심판이 진행됐고, 수많은 사람이 총살을 당했습니다.

내전 후 수년간 스페인은 암흑기였습니다. 더욱이 제2차 세계대전이 발발하였고, 전쟁 후 1950년대는 경제적으로 매우 어려워지면서 대규모 기아 사태도 겪었습니다. 모든 자유를 빼앗기고, 누구도 정치활동을 할 수 없는 강제 복종의 시대를 맞았습니다.

이케다 그런 정권이 왜 36년 동안이나 존속된 것일까요?

호흐라이트네르 프랑코 정권은 민중을 계속 억압했습니다. 국내에서는 극도의 빈곤 속에서 증오와 질투가 만연했습니다. 그러나 경제가 호전되고 생활이 좋아지자 민중은 민주주의를 요구하기 시작했습니다. 그러나 현실은 독재 정권 아래에 놓인 사람들이 반항까지 생각하기는 어려운 일이었습니다. 영웅은 그다지 많지 않았습니다. 그렇게 침묵과 복종이 생겨났습니다.

국제적으로는 냉전이 시작됐고, 서방 국가들은 반공 동맹국을 찾으면서 프랑코 정권과 손을 잡았습니다.

국왕의 리더십

이케다 긴 독재 사회에서 사람들의 마음은 얼어붙었습니다. '어차피 아무것도 변할 리가 없다.'는 무력감이 사람들 사이에 퍼졌습니다.

후안 카를로스 국왕은 열 살 때부터 청년기까지 모든 시간을 이 프랑코 지배하의 스페인에서 종속적 처우를 강요받으며 보냈습니다. 그리고 즉위할 기회를 기다렸습니다.

반드시 민주화를 실현해야 했습니다! 그러나 때를 얻지 못하고 변혁에 손을 댄다면 구체제가 맹렬하게 반발할 것이 분명했습니다. 다시 '골육상잔'(骨肉相殘)의 내전으로 번질 위험이 있었습니다. 그러나 국왕은 탁월한 리더십으로 이 어려움을 극복했습니다. 단 한 방울의 피도 흘리지 않고, 세계에서 고립된 스페인을 유럽과 세계로 복귀시킨 것입니다.

호흐라이트네르 맞습니다.

이케다 무엇보다 놀라운 점은 후안 카를로스 국왕의 훌륭한 대응입니다. 구체제는 국왕을 쉽게 조종할 수 있는 꼭두각시로 만들려고 했지만, 오히려 국왕께서는 때를 기다리며 기회를 만들었습니다. 그리고 즉위하자마자 당당하면서도 의연하고 외향적인 인물로 바뀌었습니다. 국왕께서는 분열을 피하기 위해 놀라운 수완을 발휘하며 무혈혁명을 추진했습니다. 구체제를 배려하면서도 '새로운 세대의 우수한 인재'를 모아 신선한 바람을 불어넣었습니다. 그리고 견고한 전체주의 국가를 불과 3년 만에 영국의 제도와 유사한 입헌군주제의 민주국가로 변모시켰습니다.

호흐라이트네르 박사께서는 국왕의 이러한 변화 과정을 어떻게 지켜보셨습니까?

호흐라이트네르 저는 전혀 놀랍지 않았습니다. 국왕께서 즉위하시기 전, 왕세자 시절부터 스페인 사람들을 놀라게 한 언행을 알고 있었기 때문입니다.

후안 카를로스 국왕을 처음 뵌 것은 1960년대 중반, 미주기구[21](OAS), 세계은행, 유네스코(유엔교육과학문화기구) 등에서 국제공무원으로 일할 때였습니다. 그리고 1968년, 제가 스페인 교육과학부 차관에 임명된 뒤 왕세자께서 교육개혁 전반에 관한 정기적인 강의를 부탁하셔서 자주 뵙게 되었습니다.

1971년 1월, 왕세자께서는 미국의 닉슨 대통령으로부터 초대장을 받았습니다. 이는 왕세자로서 첫 해외 방문이었습니다. 왕세자께서는 그때 수행 차관으로 저를 지명했습니다.

워싱턴을 방문하기 전, 왕세자께서는 아나폴리스 해군사관학교를 방문해 장교와 학생 수백 명 앞에서 30분 동안 원고 없이 완벽하게 유창한 영어로 연설을 했습니다.

이케다 유명한 일화입니다.

호흐라이트네르 워싱턴의 주요인사와 나눈 비공식 회담에서 왕세자께서는 지금은 모두가 아는 매우 중요한 사항을 말씀하셨습니다. "스페인이라는 나라에 충실한, 스페인이라는 국가에 공헌하는, 스페인 전 민중의 왕이 되기를 바라며 또 세계와 융화하는 스페인의 민주주의에 기여하는 법치국가의 국왕이 되기를 희망한다."라고 선언한 것입니다.

즉위 전의 왕세자는 자기 의견이 없는 사람처럼 보였습니다. 그것은 어디까지나 지혜이고 선견지명이며 작전이었습니다.

카레로 블랑코 총리와 아리아스 나바로 총리 등 독재 체제에 충실했던 사람들은 프랑코 사후에도 자신들의 통치가 이어질 것이라고 생각했습니다.

왜냐하면 그들은 왕세자가 '자신들의 명령에 따라 프랑코 체제의 지속을 위해 힘쓸 순종적인 국왕이 될 것임에 틀림없다.'고 믿었기 때문입니다. 그러나 그들의 생각은 완전히 빗나갔습니다.

그래서 저는 후안 카를로스 국왕에 대한 견해를 한 번도 바꾼 적이 없습니다. 왕세자 시기 훨씬 전부터 민주화를 원하셨다는 것을 저는 굳게 믿었습니다. 그리고 국왕께서 왜 그런 행동을 취해야 했는지도 이해하고 있었기 때문입니다.

이케다 오늘날처럼 증오가 증오를 낳고 폭력이 폭력을 부르는 분쟁이 이어지는 시대에 인내와 비폭력으로 사람들을 화합으로 이끈 후안 카를로스 국왕의 영민한 리더십을 많은 지도자가 배워야 합니다.

호흐라이트네르 저는 지금까지 오랫동안 교육과 개발 계획을 위해 일해 왔습니다. 계획은 항상 그대로 실현되지 않지만 저는 매우 드문 예외를 목격했습니다. 계획을 현실로 만든 보기 드문 사례였습니다. 그 사례가 바로 스페인 국왕입니다.

당시 사람들은 증오와 투쟁, 그리고 분열로 국왕의 계획이 성공할 리 없다고 생각했습니다. 그러나 국왕께서는 민주화를 이행하기 전 수년간을 이른바 '이행을 위한 과도기'로, 훌륭히 극복했습니다. 그래서 저는 국왕에 대한 존경심을 감출 수가 없습니다.

오늘날 세계의 평범한 리더십을 볼 때, 스페인 국왕과 같은 인물의 필요성을 더욱 절실하게 느끼게 됩니다. 덧붙여 말씀드리자면, 마찬가지로, 갈림길에 선 현대 세계에서 이케다 회장님의 메시지와 리더십은 그 어느 때보다도 중요하고 필요해지고 있습니다.

이케다 과분한 평가입니다. 칸트[22]는 "그대 자신의 인격뿐만 아니라 다른 모든 사람의 인격 속에 있는 인간성을 항상 동시에 목적으로 대우하고, 결코 단지 수단으로만 대우하지 않도록 행위하라."고 말했습니다.(『인륜의 형이상학의 기초 만들기』후카사쿠 야스후미 번역, 『칸트 전집』7에 수록, 이상사)

인간을 수단으로 삼을 것인가, 목적으로 삼을 것인가. 거기에 모든 차이가 있습니다.

리더십의 핵심 또한 거기에 있습니다.

인간을 목적으로 삼고, 인간에 대한 신뢰를 근본으로 사람을 결합하고 그 가능성을 열어주는 방향으로 이끄는가, 아니면 인간에 대한 불신을 바탕으로 사람을 분열시키고, 인간을 수단으로 삼아 그 가능성을 닫아버릴 것인가. 거기에 '인간주의 리더십'과 '전체주의 리더십'의 갈림길이 있습니다.

아무리 고매한 이념이나 정책이 있다 하더라도, 이를 실행하는 사람의 '인간관'이 올바르지 않으면 현실에서 그 계획이 제대로 진행될 수 없습니다.

그렇기에 인간에 대한 깊은 신뢰에 뿌리를 둔 리더십이 절대적으로 필요합니다.

모든 것은 '인간에서 출발해' '인간으로 귀착하는 것'입니다. 리더에게 인간성이 결여돼 있어도 기구나 이념만 만들면 잘될 것이라는 착각에서 현대사회의 혼란이 생겼다고 할 수 있지 않을까요?

어려운 문제를 해결하려면 역시 위대한 리더십을 발휘

하는 수밖에 없습니다.

호흐라이트네르 전적으로 동감합니다.
국왕께서는 매우 성실한 분입니다. 그 변함없는 지도력, 선견지명, 감수성, 흠잡을 데 없는 일관된 행동, 그러면서도 극히 인간적인 면모에 저는 항상 깊은 감명을 받습니다. 그래서 국왕께서는 '모든 스페인 국민의 국왕이 되겠다.'는 바람을 실현했습니다.[23]
이케다 회장께서 제시한 리더십의 관점을 근본으로 삼는다면, 우리는 '동'과 '서'가 성실하게 서로 바라보며 하루속히 만날 수 있는 참신하고 가장 견고한 기반을 다시 구축할 수 있습니다. 인류와 자연환경에 가장 필요한 점입니다.

이케다 '분열을 화합으로, 절망을 희망으로, 독재를 민주주의'로 불가능을 가능으로 만든 후안 카를로스 국왕은 열 살 때부터 인내의 세월을 견뎌냈습니다. 그 과정에서 단련된 결과, 굴하지 않는 인간 신뢰의 기둥이 확고히 구축됐을 것입니다. 저는 거기에 바로 21세기 인류가 끝

없이 바라 마지않는 '인간주의 리더십'의 실상이 있다고 생각합니다.

'문명의 충돌'은 단연코 피해야 합니다. 지도자는 대화에 대한 불굴의 의지를 최후의 최후까지 포기하면 안 됩니다. '동'과 '서' 사이의 불가결한 교류에 관한 박사님의 말씀은 매우 중요합니다. SGI 운동도 그것을 위한 것이며, 그 목적은 일관되게 변함이 없습니다.

함께 바라보는 동과 서
인간혁명과 지구혁명

제5장
지구적 문제들

로마클럽이 발표한
두 개의 보고서

이케다 이번 장부터는 우리 인류가 탄생한 푸른 행성인 '우주선 지구호'에 관해 이야기하고 싶습니다. 이전에도 언급했습니다만, 박사께서 회장을 맡은 로마클럽은 지구온난화를 비롯해 대기오염, 오존층 파괴, 산성비, 사막화, 삼림 파괴 등의 '지구적 문제들'에 가장 먼저 경종을 울린 단체로 알려져 있습니다.

호흐라이트네르 그렇습니다. 인구 문제를 포함한 다양한 사안이 당시 도론의 핵심 주제였습니다. 로마클럽은 이 문제의 현황과 전망에 관한 보고서를 제출하고자, 1968년 로마의 린체이 아카데미에서 개최된 로마클럽의 첫 회의에서 제이 포레스터 교수가 매사추세츠 공과대학교(MIT)의 전문가팀을 초청하기로 결정했습니다. 그 결과, 1972년 데니스 메도스, 도넬라 메도스 등의 그룹이 최초의 보고서 『성장의 한계』를 세계에 공표했습니다.

이케다 최근까지 전 세계에 이처럼 큰 충격을 준 저작은 없습니다. 저도 이 보고서의 선견성을 주목했기에 로마클럽의 창시자 페체이 박사와 함께 '지구적 문제들'을 주제로 대화했습니다.

호흐라이트네르 지금까지 페체이 박사와 나눈 대화에 관해 자세히 이야기를 들었습니다. 매우 감명받았습니다. 1990년 제가 로마클럽 회장에 취임했을 때 우리는 이 『성장의 한계』 새로운 정보를 더해 개정판을 내기로 결정했습니다. 그리고 1992년 『한계를 넘어』라는 제목으로 재출간했습니다.

이케다 일본에서도 출판돼 큰 반향을 일으켰습니다.

호흐라이트네르 개정판에서는 지구적 문제와 관련된 다른 수많은 문제를 추가했습니다. 예를 들면 거버넌스, 윤리적 가치, 과학과 기술, 그리고 무엇보다도 중요한 교육 문제 등입니다. 이 과제들은 줄곧 제게 주요 관심사이자 학문적으로 꾸준히 다뤄온 분야였습니다. 또 우리는 유효하고 실행 가능한 해결법을 찾아 사랑(배려)을 만드는 중요한 역할에도 중점을 두었습니다.

『성장의 한계』는 인구 증가와 경제 성장의 지속이 가져올 파국을 경고했습니다. 그리고 20년 후에 출판한 『한계를 넘어』에서는 인류가 지구 환경에 부담을 주지 않고 성장할 수 있는 '성장의 한계'를 이미 넘어선 단계에 도달했다는 점을 강조했습니다.

그와 동시에 해결 가능성을 제시하는 새로운 발전에 대한 문제점도 언급했습니다. "인간이 필수적인 자원을 소비하면서 오염물질을 산출하는 속도는 대부분의 경우 이미 물리적 지속가능한 속도를 넘어버렸다."(도넬라 메도스 외 『한계를 넘어』 가야 요이치 감수. 마쓰하시 류지, 무라이 마사코 옮김. 다이아몬드사)고 지적했습니다. 더불어 "그러나 당장 이러한 행동을 깊이 반성하고 대폭 개선하려는 인간의 지성과 창조력의 여지는 아직 남아 있다."고 말했습니다.

이케다 그로부터 10년 이상 지난 지금, 그 지적은 여전히 절실하게 느껴집니다. 상황이 아무리 어렵다고 해도 거기서 포기한다면 아무것도 이뤄지지 않습니다. '지구환경문제'에는 여러 가지 복잡한 요인이 내포돼 있습니다만, 인간이 만들어낸 이상, 인간의 손으로 해결하지 못할 리 없습니다. 그러기 위해서는 국제적인 여론의 결집과 연대가 필요합니다. 또 멀리 돌아가는 것 같아도 교육이 매우 중요합니다. 그러한 커다란 토대 위에 변혁을 하나하나 이루는 것입니다.

저는 2002년 8월 남아프리카에서 열린 '환경개발서밋'을 계기로 하여 지구환경을 지키는 '민중 연대'의 기반으로서, 교육의 힘을 통해 지속가능한 미래를 구축해야 한다고 제창했습니다. 그리고 '지구헌장'[24]을 학교와 지역에서 '환경교육'의 교재로 적극 활용할 것을 제안했습니다.

지구환경을 개선하는 '지구혁명'이라 해도 인간 자신의 변혁, 다시 말해 '인간혁명'이 출발점이자 지구적 문제를 해결하는 왕도라고 믿습니다.

호흐라이트네르 지당하신 말씀입니다. 우리는 책임감과 자애로 다음 세대가 '살아갈 길'을 준비해야 합니다.

그러기 위해서 '인간혁명'이 필요합니다. '인간혁명'만이 우리의 내적인 잠재력을 개발하고, 자신이 본디 어떠한 존재인지를 자각시킵니다. 그리고 그에 걸맞은 행동을 취하게 할 수 있습니다. '인간혁명'만이 컴퓨터와 인공위성, 엔진과 기계, 원자와 전자기기를 인류 공동체와 전 우주를 위해 효과적으로 활용하는 길을 제시할 수 있습니다.

이러한 '지구혁명'의 세계화가 가장 바람직하며 꼭 필요한 일이라고 생각합니다. 그 대척점에는 가장 부유하고 강력한 나라와 사람들만을 이롭게 하는 '이기주의와 무지(無知)의 세계화'가 있습니다.

『성장의 한계』의 연장으로 1979년 로마클럽이 제출한 보고서 『한계 없는 학습, 인간의 빈틈을 채우는 것』은 지구의 지속가능발전을 위해 완수해야 하는 교육의 역할과 필요성을 선양하는 내용입니다.

병든 가이아

이케다 현재 인류를 둘러싼 환경 문제는 점점 더 심각해지고 있습니다. 그중 하나가 바로 '지구온난화'입니다. 최근 온난화를 초래하는 하나의 요인으로 이산화탄소의 비정상적인 증가가 지적되고 있습니다.

세계 각지의 이산화탄소 농도는 1957년 남극점에서 관측을 시작했을 때는 315ppm이었으나, 2003년에는 세계 평균 374ppm을 기록했습니다. 일본 인근에서는 2004년 약 380ppm을 기록했습니다. 또 2004년의 세계 평균 지상기온은 1880년에 통계를 시작한 이래 1998년, 2002년, 2003년에 이어 네 번째로 높은 수치를 기록했으며, 장기적으로는 백 년마다 약 0.7도의 비율로 상승하고 있습니다.

2004년에는 겨울철의 최대 해빙 면적이 1979년 이후 최저치를 기록한 점도 우려를 낳고 있습니다.

호흐라이트네르 맞습니다.

지구온난화와 더불어 해양 오염도 심각한 문제입니다. 육지의 수질 오염에 관한 논의는 계속 있었지만, 사실 지구 표면의 70%는 해수로 덮여 있습니다. 지구가 '땅의 행성'이 아니라 '물의 행성'이라는 것을 잊고 대지에 있는 물만 이야기하고 있습니다.

해양은 다양한 생물의 보고(寶庫)이며 유독가스와 이산화탄소를 흡수하는 힘이 있습니다. 그 흡수량은 삼림이 만들어내는 산소의 양을 웃돕니다. 그러나 바다를 뒤덮어 광대한 산호초와 플랑크톤을 파괴하고 산소를 부족하게 만드는 석유층을 제거하기 위한 결의안조차도 아직 이뤄지지 않고 있습니다.

이케다 인간의 활동이 전 세계로 확대되면서 해양 생태계에도 그 영향을 미치게 됐습니다. 육지에서 흘러들어 간 질소나 인이 바다의 부영양화(富營養化)를 초래해 '적조(赤潮)'를 발생시키는 것은 해양 오염의 사례로 잘 알려져 있습니다.

최근에는 이러한 적조의 종류가 규조(珪藻)에서 강한 독성이 있는 와편모조[25](渦鞭毛藻)로 바뀌었다는 점이 큰 문제가 되고 있습니다. 그 원인으로 연안 지역으로 유입되는 하천 속의 질소와 규소의 비율을 들 수 있습니다. 질소와 규소의 비율이 1:1의 균형을 넘어 질소가 증가하거나 규소가 감소하면 와편모조가 대거 발생하게 됩니다. 규소가 감소하는 요인으로는 하천에 건설되는 댐 등의 저수지입니다.

자연의 절묘한 균형이 인간의 활동 때문에 무너지고 있습니다. '병든 가이아'[26](지구온난화와 해양오염)가 심각한 상황입니다.

호흐라이트네르 그런 것들이 복잡하게 얽혀 인류 존속을 위협하는 매우 중대한 주제로 등장하고 있습니다. 대부분의 환경 문제는 지구에 해를 끼치는 행위를 방치하거나 간과하는 등 우리의 무책임한 행동이 불러온 결과입니다. 도덕적이고 윤리적인 규제마저 무시한 채 '해서는 안 될 일'을 저지른 결과입니다.

이케다 실로 정곡을 찌르는 지적입니다. 저명한 저널리스트이자 환경보호 활동가인 앨런 앳킨슨(Alan Atkisson)

은 지구환경의 위기를 고발한 책인 『카산드라의 딜레마』(2003년)에서 그것을 '피드백(자연의 변화에 대한 인간의 대응)의 지연'(에다히로 준코 번역 및 감수, PHP 에디터스 그룹)이라고 표현했습니다.

호흐라이트네르 지금 당장 해결이 시급한 과제는 폭발적으로 증가하는 인구와 점점 더 심각해지는 지구 오염입니다. 인구가 폭발적으로 증가하면 지구환경은 당연히 악화됩니다. 지구환경이 악화되면 사람들은 더욱 가난해지고 그 결과 인구 증가를 유발하는 악순환에 빠지게 됩니다. 『성장의 한계』와 『한계를 넘어』에서 보고했듯이 지구에는 오늘날과 같은 경제 성장을 받아들일 여지가 남아 있지 않습니다.

그러나 개발도상국 사람들도 선진국 사람들처럼 풍요로운 생활을 염원하고 있습니다.

수십 년 전부터 한탄하던 빈곤 문제는 조금도 개선되지 않았고, 현재는 더 악화돼 걷잡을 수 없는 상태에 이르렀습니다. 지구환경을 위해서도 어떻게든 빈곤을 없애야 합니다.

이케다 맞는 말씀입니다. 세계의 지도자들은 빈곤 문제 해결에 모든 지혜를 모아 온 힘을 다해 노력해야 합니다. 빈곤 문제가 현대의 세계 질서에 심각한 왜곡을 초래한다는 점은 분명하기 때문입니다.

저는 2000년 'SGI의 날'에 발표한 평화제언에서 지구사회의 왜곡이라고 해야 할 빈곤문제를 해결하기 위해 '글로벌 마셜플랜'을 실시하자고 주장했습니다. 또 제가 창립한 도다기념국제평화연구소에서는 핵 군축과 함께 빈곤이 이 시대의 중요한 문제라는 생각으로 지속적인 연구와 제언을 이어가고 있습니다.

유엔은 2005년 6월 9일 빈곤 퇴치와 개발 수치 목표를 정한 '밀레니엄 개발 목표'의 중간보고를 발표했습니다. 이에 따르면 하루 1달러 이하로 생활하는 '극단적 빈곤층'의 인구가 아시아에서는 1990년에 9억3천600만 명에서 2001년에는 7억300만 명으로 크게 감소한 반면, 아프리카에서는 2억2천700만 명에서 3억1천300만 명으로 증가했습니다.

호흐라이트네르 빈부의 격차가 폭력 행위와 테러리즘을 초래하는 근본적인 원인이기도 합니다. 물론 폭력이나 테러리즘에 정당성이나 해명의 여지는 있을 수 없습니다. 그러나 테러리스트들이 빈곤에 시달리는 사람들을 대상으로 징병을 하기 쉽다는 점은 인정하지 않을 수 없는 현실입니다.

그렇기에 인류와 지구의 공존과 존속을 위해 지구환경의 보전과 더불어 사회적인 불공정을 총체적으로 해결할 수 있는 방법을 찾아야 합니다.

이케다 빈곤과 환경 문제로 상징되는 인류 과제의 기반에는 인간이 병들고 있다는 문제가 있습니다.

일찍이 로마클럽이 『성장의 한계』에서 다룬 '어떻게 하면 자손에게 살기 좋은 지구환경을 남겨 줄 수 있는가'라는 주제는 '어떻게 하면 인간다운 삶을 전 지구적으로 공유할 것인가'라는 과제와 분리해서 논할 수 없습니다.

호흐라이트네르 맞습니다. '병든 인간'을 올바르게 치료해야 합니다.

이케다 불법(佛法)에서는 인간과 환경의 관계를 '의정불이(依正不二)'라고 말합니다. 요컨대 인간 생명인 '정보(正報)'와 환경에 해당하는 '의보(依報)'는 '두 가지' 현상으로 나타나지만, 서로 밀접하게 관계를 맺고 있으며 그 본질은 '불이(不二)'의 관계에 있다고 여깁니다.

니치렌(日蓮) 대성인은 "비유하면 의보는 그림자와 같고 정보는 체(體)와 같으니라. 신(身)이 없으면 그림자도 없고 정보가 없으면 의보도 없다. 또 정보는 의보를 가지고 이를 만드느니라."(어서 1140쪽)라고 말씀하셨습니다. 간결하게 말하면 '의보'인 삼라만상(森羅萬象)도 '정보'라는 인간 생명의 작용을 떠나서는 있을 수 없다는 역동적이면서도 의지적(意志的)인 지혜를 가르치고 있습니다.

다시 말해 '정보'인 인간의 주체성과 지혜에 '의보'인 환경의 보전이나 재생도 달려 있다고 말할 수 있습니다.

호흐라이트네르 환경과 조화를 이루는 '자연과 인간의 교향곡'이군요. 불법의 가르침과 창가학회의 운동은 로마클럽이 배워야 할 많은 교훈을 줍니다.

이케다 앞에서 언급한 '카산드라의 딜레마'에서는 다음과 같이 이야기합니다.

"세계를 파탄의 벼랑 끝으로 내몰고 자연계의 균형을 위기적인 상황으로 무너뜨리는 문제의 정확한 원인은 세계와 자연계의 중요한 상호작용에서 찾을 수 있다. 문제는 거기에 커뮤니케이션이 없다는 점이다. (중략) 자연계에서 세계로 돌아오는 피드백 신호는 도착이 너무 늦거나, 전혀 도착하지 않거나, 혹여 도착해도 무시당하고 있다."

대자연이 울리는 경종 소리에 귀를 기울이기 위해서는 자신과 환경이 부즉불리(不卽不離)의 관계에 있다는 인식이 필요합니다. 그런 의미에서도 '의정불이'라는 불법의 지견은 인류가 환경 문제에 대처하는 데 있어서 시사하는 바가 크다고 생각합니다.

호흐라이트네르 동감입니다. '병든 가이아'를 강조함과 동시에 이케다 회장님이 제안하듯이 '가이아와 나누는 대화' 같은 노력이 매우 중요합니다. 인류는 자연의 품으로 돌아가야 합니다. 인간은 자연에 대한 '권리'를 행사하는 존재가 아니라 '책임'을 지는 존재입니다. 그런 의미에서 우리는 창가학회를 통해 많은 것을 배우고자 합니다.

이케다 황송합니다. 페체이 박사는 저와 함께 발간한 대담집 『21세기에의 경종』에서 이렇게 말씀하셨습니다. "아직 잠재돼 있지만 각자의 내면에서 활용할 수 있는 능력은 실로 막대합니다. 우리는 그것을 최대의 인적 자원으로 삼을 수 있습니다. 우리는 이러한 능력을 변화된 세계의 새로운 상황에 부합하도록 단련하고 개발해야 합니다. 오직 이 방법만이 자연과의 관계를 포함해 인류의 현재 상황에서 조금이나마 질서와 조화를 회복해 안전하게 앞으로 나아갈 수 있습니다."

어떠한 난국도 이겨내고 질서와 조화를 이루는 새로운 시대를 열어갈 무한한 능력이 인간에게는 있습니다. '그 힘을 어떻게 개발하고 결집할 것인가.' 바로 거기에 21세기의 근본 과제가 있지 않을까요?

물론 지구 환경을 지키기 위한 구체적인 방안은 중요합니다. 그러나 그 전제로서 인류는 지금이야말로 편협한 이기주의를 극복해야 합니다. '자타 함께의 행복'을 목표로 삼기 위해서는 한 사람 한 사람이 확실한 공생의 철학을 가지고 행동하는 일이 무엇보다 시급하며, 그것이 지구 환경을 구하는 '열쇠'가 될 것으로 확신합니다.

페체이 박사와 이케다 SGI 회장의 대담집 『21세기에의 경종』은 세계 각국에서 번역·출간됐다. 사진제공: 세이쿄신문사

함께 바라보는 동과 서
인간혁명과 지구혁명

제6장
세계화의 빛과 그림자
① 전쟁과 평화

폭력의 세계화

호흐라이트네르 앞 장에서 로마클럽이 1992년에 발표한 서적 『한계를 넘어』를 이야기했습니다. 이후 크게 주목한 문제가 '지구의 일체화 — 세계화와 상호의존'입니다. 이 문제에 대한 평가는 세계를 양분하고 있습니다.

저는 세계화 자체는 선도 악도 아닌 사실상의 현상이라고 생각합니다. 문제는 그것을 악용하지 말고 선을 위해 활용해야 한다고 생각합니다. 회장님 생각은 어떤가요?

이케다 말씀하신 그대로입니다.

세계화란 정치, 경제, 문화 등 모든 면에서 국경을 비롯해 '경계선이 사라지는 것'을 의미합니다. 분단을 만드는 요소, 방해하는 요소가 없어지면 동쪽에서 일어난 일은 서쪽에서도 일어날 수 있습니다. 남쪽에서 일어난 일은 북쪽에서도 일어날 수 있습니다. 그리고 그 영향은 세계 모든 인류에게 급속히 퍼지게 됩니다.

세계화의 상징인 교통망과 정보망의 발달로 세계는 크

게 변했습니다. 이미 비즈니스 분야에서는 '어느 나라 기업'이라는 경계가 사라지고 있습니다. 인터넷의 보급으로 지구 어디에서나 대화와 정보를 실시간으로 주고받을 수 있게 됐습니다.

이러한 세계화가 불러온 '새로운 만남', '풍요로운 만남'을 상호 이해와 우호 확대, 평화의 네트워크 확대라는 '선(善)의 확대'에 활용해야 합니다.

호흐라이트네르 맞습니다. 그러나 문화 간의 깊이 있는 대화는 아직 시대의 흐름을 제대로 반영하지 못하고 있습니다.

이케다 바로 그 점이 큰 문제입니다. 오늘날의 세계화는 '서구화' 경향이 강해서 '새로운 만남'이 오히려 '새로운 충돌'을 불러일으키는 배경이 되기도 합니다.

호흐라이트네르 세계와 인류 전체를 하나의 집합체로 취급할 필요가 있습니다.

제게 '9·11 테러'[27]는 매우 상징적인 사건이었습니다. 다시 말해, 서로 다른 배경을 가지고 있지만 놀라울 만큼 많은 공통점을 지닌 인간과 문화가, 서로를 얼마나 깊이 이해하지 못하고 있는지를 상징적으로 드러낸 사건이었습니다.

무엇이 이런 비극을 불러일으켰는가? 그리고 그 이후 세계에서 무슨 일이 일어나고 있는가? 그것을 이해하려면 그날 이전으로 거슬러 올라가 그때까지 미국이 어떤 행동을 해왔는지를 살펴봐야 합니다.

미국과 민주주의에 대해 진심 어린 존경의 마음으로 케네디[28] 대통령을 모신 적이 있고, 가족과 함께 두 번이나 미국에 거주한 경험이 있기에 감히 말씀드립니다.

현재 패권주의적[29] 행보를 보이는 미국이 세계에 던지는 문제에 대해 저는 비판적일 수밖에 없습니다. 이는 사랑하는 미국을 위해서도, 미국을 사랑하는 우리를 위해서도 반드시 필요한 일입니다.

이케다 안타깝게도 오늘날 세계화는 전 세계의 밀접한 연대를 촉진함과 동시에 '지역적 대립'을 '세계적 대립'으로 확대시키는 측면도 있습니다.

분쟁의 참상도 미디어를 통해 속속 전 세계에 전달되고 있습니다.

사람들은 마음의 준비도 없이 멀리 떨어져 있는 지역에서 일어나는 폭력과 증오를 공유하게 됐습니다.

이 같은 '폭력의 세계화'는 갈수록 심화되고 있습니다.

2004년 3월 11일에는 스페인에서 열차 폭파 테러가 발생해 200명 가까운 소중한 생명이 희생되고, 1천700명 이상이 부상을 입었습니다. 희생된 분들께 삼가 애도의 뜻을 표합니다.

호흐라이트네르 그때 이케다 회장님께서 곧바로 안부를 묻는 전보를 보내주셔서 큰 격려가 됐습니다. 진심으로 감사합니다.

저는 인류가 계속 진보하고 있다고 믿습니다. 그러나 이상하게도 우리는 지금 '평화에서 전쟁으로' 되돌아가고 있습니다.

세계 각지에서 전투가 벌어지고 있습니다. 끔찍한 학살이 일어나고 있습니다. 그 대부분이 선진국에서 일어난 일이 아니기 때문에 사람들의 관심을 끌지 못하고, 겉으로 드러나지 않습니다.

이케다 사람들이 무관심해지던 때에 '9·11 테러'가 일어나면서 그동안 주목받지 못했던 분쟁 지역이 세계의 이목을 끌게 됐습니다. 그러나 당연하게도 사태는 훨씬 이전부터 심각해지고 있었습니다.

호흐라이트네르 맞습니다. 현실 세계에는 실제 테러와 다른 형태의 폭력이 횡행하고 있습니다. 바로 '경제 전쟁' 문제입니다. 선진국들이 벌이는 전쟁입니다. 생명을 질식시키고 사랑하는 고향인 지구를 오염시켜 인간을 독살합니다. 엄청난 경제 격차와 빈부 격차를 만들고 있습니다.

이케다 말씀하신 대로 세계화는 그 일면으로 약육강식이라는 경제 전쟁을 세계로 확대했습니다. 세계적인 규모로 '더 부유해지는 사람'과 '더 가난해지는 사람'을 만들어 이분화하고 있습니다.
이러한 현실에 인류는 지금 가치관의 전환을 요구받고

있는 것이 아닐까요?

지금이야말로 원점으로 돌아가야 합니다.

『국부론』으로 잘 알려진 '경제학의 아버지' 애덤 스미스는 또 다른 주요 저서인 『도덕감정론』(요네바야시 도미오 옮김, 닛코쇼인)에서 '박애(博愛)'를 말했습니다. 효율성의 추구와 함께 인간성의 추구가 필수입니다. 효율성만을 추구하면 오히려 인간성을 저해합니다. 그러면 경제 활동도 인간의 길을 벗어나 경제 전쟁을 일으키고 맙니다.

호흐라이트네르 경제 활동은 지속가능한 사회적, 인도적 발전을 위한 수단일 뿐입니다. 그렇지 않으면 어떠한 경제 이론도 인간에게 도움이 되지 않습니다.

더구나 시장 획득을 목적으로 경제 전쟁을 벌인다면 지속가능발전은 저해되고 말 것입니다.

이케다 경제 활동이 세계적 규모로 변화되고 있는 지금, 인간성의 추구와 함께 이를 실천할 수 있는 '세계시민'의 육성이 시급합니다.

저는 1994년 6월 애덤 스미스가 배우고 훗날 교편을 잡

앉던 영국 글래스고대학교에 명예박사 학위를 받기 위해 방문했습니다.

애덤 스미스는 학자로서 후세에 빛나는 업적을 남겼을 뿐만 아니라 일류 교육자로서 학생들의 이해를 최우선으로 여기는 수업을 실시해 우수한 후진을 많이 양성했습니다. 산업혁명의 한복판에서 크게 변화하는 사회를 바라보며 열심히 인간교육에 힘쓴 그의 모습을 떠올렸습니다.

호흐라이트네르 그렇습니다. 교육이야말로 중요합니다.
전쟁은 단지 누군가가 누군가를 죽인다는 의미만이 아닙니다. 사람들의 마음에 상처를 입힌다는 점도 생각해야 합니다.

깊은 고통을 주는 것을 알면서도, 우리는 다른 나라 사람들과 그 문화에 얼마나 많이 상처를 입혀 왔을까요. 그것이 지금 우리가 이슬람 세계에 저지르는 일이 아닌가 생각합니다.

유럽은 이슬람 문화[30]에 큰 은혜를 입었습니다. 예를 들어 이슬람 문화가 존재하지 않았다면, 중세 르네상스 역시 꽃필 수 없었을 것입니다. 그런데 오늘날 비율로 따지면 극소수의 원리주의 과격파들이 존재하기 때문에 이슬람 문화를 자동적으로 테러리스트라는 이미지로 보는 경향이 있습니다. 그런 모든 것을 결정짓는 공격적인 태도가 바로 전쟁입니다. 편견으로 가득 찬 '정신의 전쟁'입니다.

평화에는 '마음의 평화'도 포함돼야 합니다. 그 점을 세계의 지도자들은 잊지 말아야 합니다.

마음의 평화

이케다 중요한 점을 지적하셨습니다.

불법의 정수를 설한 경전인 『법화경』에 '오탁악세(五濁惡世)'(『법화경』 124쪽)라는 말이 나옵니다. 오탁이란 '번뇌탁(煩惱濁)' '견탁(見濁)' '중생탁(衆生濁)' '명탁(命濁)' '겁탁(劫濁)' 등 다섯 가지 혼탁(더러움, 우매함)을 말합니다.

'번뇌탁'이란 인간의 생명에 깃든 탐욕과 진에(瞋恚, 공격성), 우치(愚癡, 이기주의), 그리고 만심(慢心, 남을 업신여김)을 말합니다. '견탁'이란 사상이나 이데올로기의 혼탁입니다. 이러한 마음의 혼탁이 인간의 창조성을 잃게 해 몸과 마음을 쇠약하게 만드는데 이것을 '중생탁'이라고 합니다. 그리고 마침내 중생의 생명 그 자체인 생명력, 수명마저 잠식하는데 이것이 '명탁'입니다.

사회에 '중생탁'과 '명탁'이 가득 차게 되면 가정, 사회, 민족부터 국가, 인류에 이르기까지 폭력과 편견, 탐욕 등이 퍼져 현대라는 시대 자체가 혼탁해집니다. 이것이 바로 '겁탁'입니다.

현대 사회는 오탁의 모든 차원에서 '혼탁함'이 확대되고 있다고 말할 수 있지 않을까 생각합니다.

호흐라이트네르 맞는 말씀입니다. 핵 위협을 비롯한 폭력은 오늘날 더욱 두드러지게 나타나고 있습니다. 실제로 폭력은 우리 사회의 학교와 가정까지 구석구석 퍼지고 있습니다. 방금 말씀하신 『법화경』에서 말하는 오탁의 이야기는 매우 인상 깊습니다. 항상 마음에 담아 둬야

하는 이야기라고 생각합니다.

이케다 회장님께서는 현대 사회에서 폭력과 그 악순환을 어떻게 하면 멈출 수 있다고 생각하십니까? 또 무기를 사용하지 않고 '평화를 위한 싸움'에서 어떻게 승리하실 생각이신지요.

이케다 그 점은 박사님께서 이미 앞 장에서 중요한 논점으로 지적하셨습니다. "빈부의 격차가 폭력 행위와 테러리즘을 초래하는 근본적인 원인이기도 하다."라고 말입니다.

우승열패(優勝劣敗)의 사회에서 강한 자는 더 강해지고 약한 자의 목소리는 버려집니다. 그렇기에 빈부격차는 커지고 불공평한 사회로 전락합니다. 이런 부정적 구조를 근본적으로 바꿔야 합니다. 그러기 위해서는 우선 공감과 이해를 바탕으로 한 대화가 필요합니다.

페체이 박사도 저와 함께 발간한 대담집에 수록된 유고(遺稿) '항구평화로 향하는 길'(다카기 기쿠로 옮김)에서 이렇게 이야기하셨습니다.

"하나뿐인 이 세계에서 '가진 자'의 야망과 심각한 빈곤 상태에 빠지지 않으려고 그것만을 생각하며 필사적으로 살아가는 '갖지 못한 자'의 목소리를 함께 듣고 양측의 조화를 이뤄야 한다."

연쇄적인 폭력의 원인은 몰이해와 편견, 증오와 대립입니다. 이 모든 것의 공통점은 '대화의 거절'입니다. 사태가 어려울수록 대화를 위한 노력을 포기해서는 안 됩니다.

지금 우리에게 꼭 필요한 대화는 '고통받는 이들의 목소리'를 경청하는 것입니다. 절망을 희망으로 바꾸는 대화입니다. 유엔을 비롯해 여러 국제기구의 지도자들이 그러한 대화를 전개해야 합니다. 그리고 행동해야 합니다.

호흐라이트네르 유엔은 수십 년에 걸쳐 '평화를 위한 문화'를 건설하고자 평화 교육을 추진했습니다. 저도 그러한 교육 계획이나 개혁, 연구 조사에 지속적으로 깊이 관여했습니다. 교육은 꾸준히 확대되고 진보하며 개선되고 있습니다.

이처럼 평화를 이야기하고 관련 교육이 확대되는데도 어째서 전쟁이 용인되는 것일까요? 전쟁을 지지하는 표현에 왜 단호히 반대하지 않을까요?

이케다 페체이 박사는 『인류의 사명 — 로마클럽은 왜 탄생했는가』에서 다음과 같이 말씀하셨습니다.

"폭력이나 폭력주의는 그 기원이 어찌 됐든, 문화와 사회가 병들고 있음을 나타내는 것"이며 "비폭력적인 태도와 접근 방식만이 폭력을 백일하에 드러내고, 그것이 비정상적인 것임을 명확히 할 수 있다. 세상은 폭력으로 개선될 수 없으며, 오직 비폭력이라는 방법만이 그것을 가능하게 한다."(오키타 사부로 번역 및 감수, 스가노 쓰요시, 다나카 쓰토무, 도야마 히로토 옮김, 다이아몬드사)

제2차 세계대전 중에 레지스탕스의 일원으로서 잔학한 파시스트에 맞서 저항하며 투쟁을 관철시킨 박사조차도 '폭력은 최대의 악'이라며 절대 정당화하지 않았습니다. 저는 박사의 경험에 깊은 감동을 받았습니다.

박사는 레지스탕스 운동을 하다 동료들과 함께 투옥돼 잔혹한 폭력을 당했습니다. 그곳에서 박사가 목격한 것은 폭력을 당한 사람보다 폭력을 휘두른 사람이 타락한다는 사실이었습니다.

이어서 박사는 다음과 같이 이야기했습니다.

"극도의 고난 속에서도 자신의 이상(理想)을 확신하고 어떤 희생이 닥쳐도 이상을 포기하지 않을 때, 인간의 정신적 힘이 얼마나 고귀하고 불가침의 영역인가를 내 동료들에게서 보았다."

그래서 박사는 인간과 인간 정신이 지닌 힘을 절대적으로 신뢰했습니다.

호흐라이트네르 맞습니다. 전쟁의 경험은 페체이 박사의 사상과 행동의 출발점이 됐습니다.

이케다 세계화는 인류가 대규모로 교류하는 시대이기도 합니다. 서로 다른 문화와 사람들의 만남은 때로 '대립'을 낳기도 할 것입니다. 이 시대에 사는 인류의 문명은 그 '대립'을 '대화'라는 비폭력의 수단으로 해결하는 문명이어야 합니다. 박사님의 말씀처럼 그것은 가능합니다. 반대로 '대립'을 '힘'으로 해결하려 한다면 오히려 '폭력의 세계화'가 확대되고 맙니다.

호흐라이트네르 중요한 점입니다. 지금이야말로 '대화'가 꼭 필요합니다.

이케다 그렇습니다. '평화 교육', '인간 교육'을 근본으로 한 대화를 계속해서 견지하고 확대해야 합니다.

조금 전, 박사님은 세계 지도자들이 '마음의 평화'를 잊으면 안 된다고 말씀하셨습니다. 바로 그 점이 평화론의 핵심이자 출발점이라고 생각합니다.

우리의 친구인 미하일 고르바초프 옛 소련 대통령은 '9·11 테러' 이후의 세계정세를 걱정하면서 제게 이렇게 말했습니다.

"항구적 평화를 '아무것도 하지 않아도 되는 무풍 상태'라고 생각한다면 그 평화는 아무런 가치가 없습니다. 현실 사회에서는 문제와 모순이 끊임없이 일어납니다. 그것을 어떻게 해결할 것인가. '폭력'을 사용할 것인가, '대화'를 사용할 것인가. 그 선택에 따라 '전쟁'이 될지, '평화'가 될지가 결정됩니다."

이 말에 전적으로 동의합니다. '평화'란 아무런 문제가 없는 상태를 뜻하지 않습니다. 끊임없이 벌어지는 갈등

속에서도 반드시 '대화'를 선택하고, 그 대화를 끝까지 지켜가며 행동할 때 비로소 평화가 실현됩니다.

호흐라이트네르 저도 그렇게 생각합니다.
참고로 고르바초프 옛 소련 대통령은 로마클럽의 명예 회원이기도 합니다. 자신이 공언한 말과 그 행동에 일관성이 있는 정신적 위엄을 갖춘 인물입니다.

이케다 불전에 "모든 사람은 폭력을 두려워하고, 모든 사람은 죽음을 무서워한다. 자기 처지를 바꿔 생각해 죽여서는 안 된다. 죽이게 해서는 안 된다."(『붓다의 진리의 말, 감흥의 말』 나카무라 하지메 옮김, 이와나미문고)라는 말이 있습니다. 여기에는 두 가지 중요한 관점이 있습니다. 하나는 '자기 처지를 바꿔 생각하라.'는 말처럼 타인의 고통이나 아픔에 공감하며 자신의 폭력성, 탐욕성, 이기주의를 극복해야 한다는 점입니다. 또 하나는 '죽이게 해서는 안 된다.'는 말처럼 다른 사람에게도 폭력성을 이겨내고 비폭력을 선택하도록 강하게 촉구해야 한다는 점입니다. 이렇게 시작된 '마음의 평화'가 나와 타인을 넘어 사회와 인류 전체로 퍼져 나가야 합니다.

호흐라이트네르 '평화'를 이야기할 때 가볍게 사용하고 있지 않은지 주의해야 합니다. 우리가 보통 이야기하는 평화란 일반적으로 수동적인 평화, 다시 말해 '전쟁이 없는 상태'를 의미합니다. 그러나 그것은 진정한 의미의 '평화'가 아니라고 생각합니다. 핵의 위협으로 모든 이가 얼어붙은 정적(靜寂)을 과연 평화라고 부를 수 있을까요?

이렇게 '확실하게 존재하는 공포'가 냉전시대에는 많은 충돌을 피할 수 있는 요인이기도 했습니다. 어떤 경우에도 사망자가 나오지 않는 것은 좋은 일입니다. 그러나 이와 같은 공포로 초래되는 '평화'가 도리에 맞는다고 생각되지 않습니다. 우리는 이케다 회장님이 말씀하신 '능동적인 평화'를 달성해야 합니다. 그것은 대화와 연대, 그리고 협력에 따른 평화입니다.

이케다 '폭력과 증오'의 연쇄작용을 끊기 위해 군사력 등 하드파워를 사용하는 것은 설령 일시적으로는 사태를 해결하는 듯 보여도, 임시방편에 불과해 오히려 사태를 교착시킬 수 있습니다.

비록 시간이 걸리더라도 근원적인 대책이 필요합니다. 그것은 모든 사람에게 내재하는 인간의 선성(善性)인 '평화의 마음', '비폭력의 정신력'을 내면에서 확장시키는 대화와 교류, 교육을 모든 차원에서 더욱 강화하는 것이 아닐까요?

2004년 초, 초두리[31] 유엔 사무차장은 제게 보낸 연하장에서 "'평화를 위한 문화'의 메시지와 관용, 상호이해, 다양성 존중의 가치를 가정에서 유년기 때부터 가르친다면 대립과 폭력이 만연하는 오늘날의 사회는 수십 년 뒤 크게 변화할 것입니다."라고 말했습니다.

호흐라이트네르 박사님의 부모님도 평화를 깊이 사랑하셨습니다. 그러고 보니 어머니의 존함에는 '평화'라는 의미가 담겨 있다고 들었습니다.

호흐라이트네르 그렇습니다. 독일어로 '평화'를 뜻하는 '프리다'가 어머니의 이름입니다. 스페인 사람인 아버지(펠릭스)와 독일 사람인 어머니는 스페인 내전과 제2차 세계대전에서 이러한 비극적인 사건의 배후에 있던 전체주의 정권 때문에 큰 고충을 겪었습니다.

부모님이 몸소 보여주신 본보기는 평화를 사랑하고 민주주의 원칙을 끝까지 지키신 모범적인 행동이었습니다. 그 본보기가 부모님이 물려주신 가장 큰 선물로 제 인생을 이끌어 주었습니다. 이제 이 소중한 보물을 우리 가족, 7명의 자녀와 22명의 손주에게 물려줄 최고의 유산으로 남기고 싶습니다.

이케다 감명 깊은 이야기입니다. 정신적인 보물이야말로 가장 소중한 토대입니다.

진정한 '평화'로 향하는 길은 가족과 지인, 친구에 대한 사랑에서 시작해 지역사회, 민족, 국가, 인류에 대한 사랑, 그리고 대자연과의 공생으로 이어질 것입니다. 그것을 위한 평화교육과 인간교육이야말로 '평화의 세계화'를 이루는 확실한 '한 걸음'입니다.

'평화'라는 장대한 꿈을 향해 나아가려면 용기가 필요합니다. '비웃을 사람은 비웃어라. 비방할 사람은 비방하라.'는 마음으로 흔들림 없이 신념의 길로 나아가는 용기 있는 사람이야말로 위대한 꿈을 실현할 수 있습니다. 일차원적으로 말하면 바로 스페인의 문호 세르반테스의 명작 『돈키호테』의 주인공과 같은 인물이야말로 그 '꿈을 향해 나아가는 용기 있는 사람'이라고 저는 생각합니다.

물론 냉소적인 사람도 있겠지만, 지금 인류에게는 현실을 직시하면서 장대한 꿈을 향해 용맹하고 과감하게 치고 나가는 '돈키호테'와 같은 도전이 필요하지 않을까요? 박사님도 좋아하는 작품이라고 말씀하셨지요?

호흐라이트네르 그렇습니다. 저는 풍차를 난폭한 거인이라고 생각해 맞서려는 돈키호테를 사랑합니다. 그 장면에는 그야말로 용기와 이상이 구현돼 있습니다. 이상이 없는 인생은 살아갈 의미를 잃게 됩니다!

이케다 맞습니다. 희망을 버리지 않는 점이 중요합니다. 이상을 버리지 않는 것입니다. 결코 포기하지 않는 것입니다. 어려운 시대일수록 용기와 이상을 더 높이 내걸고 나아가야 합니다. '평화'라는 최고의 꿈을 향해!

함께 바라보는 동과 서
인간혁명과 지구혁명

제7장
세계화의 빛과 그림자
❷ 민중의 세계화

유럽 통합

이케다 유럽연합[32](EU)의 확대와 위대한 유럽의 탄생을 축하합니다. 냉전시대에 분단됐던 옛 동유럽 국가들이 가입해 유럽은 말 그대로 하나가 됐습니다.

유럽 통합은 21세기의 거대한 실험입니다. 성공을 염원하고 있습니다.

저는 '유럽 통합의 아버지'라고 불리는 쿠덴호베 칼레르기 백작[33]과 여러 차례 회담을 나눴고 대담집(『문명 서와 동』, 이케다 다이사쿠 전집 제102권 수록)을 발간했습니다. 말로 다 표현할 수 없는 제1차 세계대전의 참극을 겪으며 유럽의 평화 통합을 염원했던 칼레르기 백작의 꿈이 실현되고 있습니다.

호흐라이트네르 스페인 사람인 아버지와 독일 사람인 어머니, 그리고 프랑스 사람인 의붓딸 쿠스토를 둔 제게 이 땅에 평화가 찾아온 것은 감개무량한 일입니다.

저는 스페인 내전과 제2차 세계대전의 참혹함을 직접

겪었습니다. 특히 제2차 세계대전은 몸소 체험했을 뿐 아니라 사랑하는 가족을 통해서도 경험했기에 그 감회가 더욱 깊습니다.

이케다 저와 대담을 나눈 작가 앙드레 말로[34] 씨도 세계 각국에서 모인 의용군의 일원으로서 스페인 내전에 참가했습니다. 그는 핵시대가 된 오늘날 인류의 명운은 어쩔 수 없이 하나가 될 수밖에 없다고 주장했습니다. 그러나 냉철한 현실주의자인 그는 인류의 평화적 통합에는 낙관적이지 않았습니다.

호흐라이트네르 이번 유럽 통합에 관해서는 유감스럽게도, 유럽 정치인을 비롯해 시민들에게 유럽의 정신과 비전이 결여돼 있다는 점이 불안감으로 작용합니다.
저는 로마클럽 회장으로서 1994년, 독일 하노버에서 '유럽 2020년'이라는 주제로 로마클럽의 연차총회를 개최했습니다. 그때의 토의 내용은 (프랑스 브레스트에서 러시아 블라디보스토크까지) 유럽 전체가 패권을 노리는 것이 아니라, 성실한 파트너로서 세계에 봉사하자는 것이었습니다. 지금 읽어도 훌륭한 내용입니다.

이케다 중요한 근본 문제를 지적해 주셨습니다. 이 대담에서도 그런 점들을 다양한 관점에서 논의했으면 합니다.

호흐라이트네르 저는 빅토르 위고 사후 100주년을 기념해 과거 스페인 매체에 유럽공동체(EC)가 탄생하기 훨씬 이전에, 그가 그린 매우 선구적인 유럽의 비전에 대해 기사를 쓴 적이 있습니다. 그 기사에서 참조한 자료는 대부분 파리 근교 비에브르에 있는 '빅토르 위고 문학기념관'에서 찾을 수 있었습니다. 회장님의 훌륭한 수집품 덕분입니다.

이케다 휴머니즘의 거장 위고의 에스프리(정신)는 지금도 그 빛을 더하고 있습니다. 현대에서 중요한 것은 위고가 깊이 품은 미래에 대한 확실한 통찰과 비전입니다. 더 말씀드리자면 페체이 박사는 저와 나눈 대담집 마지막에 '세계화된 사회'에 관해 논했습니다.

이케다 SGI 회장이 설립한 '빅토르 위고 문학기념관'. 기념관은 빅토르 위고가 거처한 유서 깊은 '로슈 저택'을 수리해 1991년 개관.
사진제공: 세이쿄신문사

그것은 "역사상 처음으로 모든 인간, 모든 국가가 한정된 서식 환경밖에 주어지지 않은 행성을 현실적으로 공유하지 않으면 안 되게 됐다."라는 점이었습니다. 그리고 박사는 "우리 한 사람 한 사람의 운명은 최종적으로는 지구 전체에 닥칠 운명과 다를 수 없습니다. 이는 어느 누구도 피할 수 없는 운명이자 세계의 서식 환경이 어떻게 이용되고 보호되느냐에 따라 결정되는 운명이기 때문입니다."(『21세기에의 경종』 이케다 다이사쿠 전집, 제4권 수록)라고 역설했습니다.

'세계화된 사회'란 인류가 '같은 운명을 공유하는 사회'입니다. 로마클럽이 선구가 돼 지적한 것처럼 환경 문제는 지구적 과제입니다. 또 인구 문제와 빈곤 문제 등 오늘날 세계가 맞닥뜨린 과제는 어떤 것이든 전 지구적 관점에서 보지 않으면 해결의 실마리를 찾을 수 없습니다. 어느 것도 남의 일로 돌릴 수 없습니다. 인류는 하나의 운명 아래 있습니다.

유럽연합의 확대도 이러한 커다란 시대의 흐름 속에 있다는 것은 자명한 이치입니다.

지구의 운명이 하나가 된 시대에 요구되는 인간의 모습은 바로 열린 마음으로 인류의 이익을 위해 행동하는 '세계시민'입니다. '세계사회'에는 '인간의 세계화' '민중의 세계화'가 필수 조건입니다.

호흐라이트네르 박사님은 누구나 인정하는 '세계시민'이십니다. 오늘날에는 박사님과 같은 분이 필요합니다.

세계시민의 연대

호흐라이트네르 우리는 누구나 '세계시민'이라고 스스로 인식하고 행동해야 합니다. 그러기 위해서는 우리의 뿌리를 찾아야 합니다. 우리는 이 복잡한 행성에서 중요한 한 부분을 구성하며 완수해야 할 구체적인 역할이 있습니다. '로컬(지역적)하게 생각하고 글로벌하게 행동하라.' 혹은 '글로벌하게 생각하고 로컬하게 행동하라.'는 말은, 점점 세계화되는 현대 사회에서 우리가 명심해야 할 교훈을 담고 있습니다.

계승된 문화적 다양성에 경의를 표하고, 지속가능한 지구 개발을 위해 노력하는 일은 우리가 인생에서 완수해야 할 역할에 관한 중요한 가이드라인입니다.

이케다 인간의 시야가 좁아지면 사회는 닫힌 가치관에 지배받게 됩니다. 인간 자신이 열린 관점과 실천력을 갖춰야 합니다.

호흐라이트네르 열린 관점과 관련해 사실 저에게는 하나의 전환점이 된 경험이 있습니다.

교육 자문단원으로 아프리카 탄자니아를 방문했을 때의 일입니다. '독립의 아버지' 니에레레[35] 대통령이 재임 중이던 시절이었습니다.

자문단에서 유럽 사람은 저 한 사람뿐이었습니다. 그때 저는 '나는 여기서 이 사람들과 무엇을 하고 있는가?'라고 생각했습니다. 그 나라 문화에 다가가지 못하고 아래로 내려다보기까지 했던 것입니다.

그런데도 그들은 저를 친절하게 맞이해 주었고, 매우 인간적인 따뜻함을 보여주었습니다. 시간이 흐르면서 저는 그들이 지금까지 제가 알고 지내던 사람들과 아무런 차이가 없다는 사실을 깨달았습니다. 그리고 마침내 그들의 얼굴과 행동 너머에 있는, 나와 같은 '인간' 그 자체에 주목할 수 있게 됐습니다.

탄자니아를 떠나던 날, 저는 대통령에게 말씀드렸습니다. "저는 여기서 마음가짐이 변했다는 것을 느꼈습니다. 그리고 지금, 큰 차이는 단지 피부색일 뿐이라는 사실을 깨달았습니다." 그러자 대통령은 저에게 연설할 기회를 주셨습니다.

그래서 저는 처음에는 그들을 얼마나 이질적으로 보았는지에 대해 말한 다음, "저는 지금, 여러분과 같은 구성원이라는 사실을 깨닫고 여러분 속에서 아름다움을 발견하고, 여러분을 사랑하며, 여러분을 통해 탄자니아를 느낄 수 있었습니다."라고 이야기했습니다.

그러자 놀랍게도 사람들은 저를 안아줬습니다. 믿을 수 없는 광경이었지요. 이때 대통령이 저를 탄자니아의 명예시민으로 추천해 주셨습니다. 만약 제가 탄자니아에 가지 않았다면 이런 마음의 변화는 일어나지 않았을 것입니다.

이케다 감동적인 이야기입니다. 위대한 '마음의 변혁'이라는 드라마를 들었습니다.

호흐라이트네르 초점은 '인간'입니다. 인류는 먼저 자신을 성찰해야 합니다.

사람은 자신이 할 수 있는 일의 크기를 알면 더 깊은 배려심으로 다른 사람을 대할 수 있습니다. 그때 민중은 정치를 감시하고, 지도자에게 가장 바람직한 요구와 그에 걸맞은 변혁을 요청함으로써 진정한 인도주의적 영향력을 행사할 수 있게 됩니다.

이케다 옳은 말씀입니다. '발밑을 파라! 거기에 샘이 있다.'는 말처럼 모든 것은 먼저 자신으로부터 출발해야 합니다. 일상에서 내딛는 첫걸음이 중요합니다. 한 인간에게는 무한한 힘이 잠재돼 있습니다.

호흐라이트네르 이케다 회장님께서 저에게 "대화는 지구를 활기차게 되살린다."고 말씀하신 적이 있습니다. 그 말에 동의합니다. 세계가 하나로 연결된다고 해도 우리의 다양성이 사라지는 것은 아닙니다. 또 출신과 국적, 지역이 다르더라도 세계시민이라는 사실에는 변함이 없습니다.

우선 자신이 사는 지역, 그 구체적인 뿌리를 응시해야 합니다. 왜냐하면 우리는 그 뿌리에서 배우고, 다른 사람을 받아들이며 성장하기 때문입니다.

이케다 제2차 세계대전 중에 군국주의에 맞서 싸우다 옥사하신 마키구치 선생님은 인간 한 사람이 가까운 지역에 뿌리를 둔 '향민(향토민)'이며, 국가에 속한 '국민'이기도 하고 또 세계와 밀접하게 연결된 '세계민(세계시민)'이기도 하다고 주장했습니다. 특히 국가악(國家惡)에 얽매이지 않는 세계시민이 되기 위한 발판으로서 향토를 주목했습니다. 박사님의 주장과 완전히 일치합니다.

또 마키구치 선생님은 백 년 전에 이미 군사나 정치, 경제의 경쟁 시대에서 머지않아 '인도적 경쟁의 시대'[36]가 올 것이라고 내다보셨습니다. '인도적 경쟁'의 하나는 '인재육성의 경쟁'입니다. 거기서 핵심은 교육입니다.

저도 교육이야말로 저의 마지막 사업이라고 여기고 진지하게 임하고 있습니다. 그중에서도 인도주의와 세계시민이라는 주제는 오늘날 교육에서 공통된 주제입니다. 창가교육의 캠퍼스에도 세계의 위대한 지도자들이 방문한 바 있습니다. 또 미국소카대학교(SUA)에는 30여 개국에서 온 학생들이 공부하고 있고, 소카대학교에도 48개국에서 온 유학생들이 있습니다.

이처럼 국제화를 추진하는 이유는 '세계시민의 육성'을

핵심으로 삼고 있기 때문입니다.

교육을 통해 '내 고향은 세계'라고 선언하는 세계시민의 연대를 만들고 싶습니다.

호흐라이트네르 멋진 비전입니다. 아시다시피 교육 정책과 교육 개혁은 지금까지도, 앞으로도 제 평생의 최대 관심사입니다.

이케다 앞서 말씀드린 쿠덴호베 칼레르기 백작과 나눈 대담에서 예견한 대로 동서의 대립은 진정되는 한편, 남북의 대립은 심각해지고 있습니다.

우리가 지금 나누는 대화는 제목 그대로 동과 서의 대화입니다. 이러한 대화를 남과 북 사이에서도 펼쳐가야 한다고 생각합니다. 글로벌한 대화가 필요합니다. 저도 그러한 염원을 담아 이란 출신의 평화학자 테헤라니안[37] 박사와 대화해 대담집(『21세기를 위한 선택』, 이케다 다이사쿠 전집 제108권 수록)을 출판했습니다.

그런 의미에서 저는 이슬람 문화권에 속한 역사를 비롯해 그와 융합된 풍요로운 문화를 계승하는 스페인이 앞으로 세계평화의 열쇠를 쥐고 있다고 생각합니다.

호흐라이트네르 말씀하신 대로 스페인이 남북 간 대화에 기여할 수 있는 일이 많을 것이라고 생각합니다.
우리는 라틴아메리카에 큰 은혜를 입었습니다. 스페인은 그들의 땅을 정복해 많은 부(富)를 얻었습니다. 그러나 다른 면에서는 우리의 문명과 문화를 전할 수 있는 기회이기도 했습니다. 우리는 피와 문화를 나눈 형제의 나라에서 많은 것을 배웠고 앞으로도 배워나갈 것입니다.
또한 스페인을 침략한 아랍인들로부터도 은혜를 입었습니다. 그들이 문화를 비롯해 온갖 뛰어난 문물을 남겨줬기 때문입니다. 스페인 사람들 모두가 그렇게 생각한다고는 할 수 없지만 아랍 사람들을 형제처럼 느끼고 있습니다.
그런 의미에서 라틴아메리카와 이슬람 국가, 그리고 스페인은 상호 존중을 바탕으로 한 관계를 형성할 수 있습니다. 저의 후임으로 현 로마클럽 회장을 선출할 때도 문명 간 대화, 종교 간 대화에 힘쓴 인물인 요르단의 하산 왕자를 추천했습니다.

이케다 회장님과 하산 왕자 간에 멋진 관계가 구축되기를 염원합니다.

이케다 깊은 우정에 진심으로 감사합니다.

하산 왕자를 아직 뵙지 못했습니다만, 영광스럽게도 다양하게 교류하고 있습니다. 정중한 편지를 받은 적도 있어 대단히 감사하게 생각하고 있습니다.

2003년 10월, 로마클럽 연차총회가 열린 기념행사에서 하산 왕자의 초청으로 미국 모어하우스대학교가 진행하는 '간디[38]·킹·이케다'전(展)과 미국SGI가 중심으로 제작한 '세계 어린이들을 위해 펼치는 평화를 위한 문화 건설'전(展)을 개최할 수 있게 된 것도 대단히 감사하게 생각합니다.

그때 하산 왕자는 세계의 지성들 앞에서 기념연설을 했습니다.

그는 연설에서 "편협한 국가주의, 민족주의, 차별주의의 틀을 벗어나 인권과 인간주의를 기조로 한 인류 연대와 국제 질서를 구축할 필요가 있다."고 강조하면서 "인류가 나아가야 할 상호이해와 협조의 방향성을 마하트마 간디와 킹 박사, 이케다 SGI 회장이 제시하고 있다."고 말했습니다.

제 이야기는 차치하더라도 그 연설에는 지금까지 함께 이야기한 세계시민의 모습이 명확하게 나타나 있습니다. 다시 말해 세계시민이란 '편협한 국가주의, 민족주의, 차별주의'와 싸우는 투사의 별명이며, '인류의 연대'를 비폭력과 대화로 구축하는 사람입니다.

호흐라이트네르 박사님이 지적하셨듯이, 누구나 지금 있는 자리에서 '세계시민'으로서 첫걸음을 내디딜 수 있습니다.

함께 바라보는 동과 서
인간혁명과 지구혁명

제8장
'미국·유럽·아시아'
삼극(三極)의 미래

미국의 동향

호흐라이트네르 2004년 7월 22일에 받으신 요르단대학교 명예박사 학위를 진심으로 축하드립니다.
수여식에 즈음해 하산 왕자로부터 축하 메시지를 받았다는 소식을 들었습니다.
하산 왕자는 메시지에서 "이케다 박사는 깊은 이해력과 자비를 갖춘 학자이자 종교인으로서, 우리에게 더 높은 사상을 가지고 더욱 배려 깊은 행동을 해야 한다고 주장하고 있습니다."라고 썼습니다. 저도 왕자와 마찬가지로 경의를 담아 진심으로 축하의 말을 전합니다.

이케다 황송합니다. 이보다 더한 영광은 없습니다. 세계 평화를 위해 더욱 노력할 각오입니다. 그런 의미에서 박사님과 앞으로의 세계에 대해 여러모로 이야기를 나눌 수 있어 매우 뜻깊게 생각합니다.

호흐라이트네르 저도 같은 생각입니다. 앞으로의 세계를 전망할 때 미국, 유럽, 아시아라는 삼극(三極)의 윤곽이 드러납니다. 이번에는 이 삼극의 미래를 다루고 싶습니다.

미국, 유럽, 아시아 삼극이 대립하지 않고 건설적인 상호지원과 협력을 통해 인류의 지속가능발전에 기여할 수 있어야 합니다.

이케다 말씀하신 그대로입니다. 이제는 대립의 시대에 마침표를 찍어야 합니다. 지각 있는 사람은 누구나 그렇게 되기를 바라고 있습니다.

지구 전체의 '인간의 안전보장'이라는 관점에서 보면 세계화의 부정적인 측면이 만드는 문제는 매우 심각합니다. 빈곤이나 역병, 환경 파괴와 같은 구조적 폭력이 그 예입니다.

앞서 박사님께서 강조하셨듯이 이러한 구조적 폭력, 세계화의 불공정함이야말로 테러나 내전 등 직접적인 폭력을 낳는 온상이 되고 있습니다.

테러에 대한 불안을 제거하기 위해서라도 정치적으로나 경제적으로 오늘날의 세계를 선도하는 미국, 유럽, 아시아라는 삼극이 공정하고 지속가능한 지구사회 구축을 위해 함께 일치단결해 공헌해야 합니다.
그중에서도 '유일한 초강대국'인 미국이 큰 열쇠를 쥐고 있음은 두말할 나위도 없습니다.

호흐라이트네르 지금까지 저는 대화의 중요성과 리더십, 가치관의 중요성 등을 이야기할 때 특히 미국을 염두에 두고 있었습니다. 미국의 힘은 그 본래적인 파괴적 남용을 피하면서도, 건설적인 방향으로 쓰일 수 있습니다.
미국의 미래는 인류에게 매우 중요합니다. 미국이 가진 여러 민주주의적 가치와 위대한 물질적 성공, 국제 정세에 끼치는 명확하고도 지대한 영향력에서 보더라도 이는 분명한 사실입니다.
그러나 안타깝게도 현대의 유일한 초강대국인 미국이 국내적으로나 국제적인 무대에서도 일방적인 패권이나 무분별한 리더십에 기인하는 몇 가지 심각한 실패 사례를 보일 우려가 있습니다.

이케다 '군사력이 평화를 지킨다'는 것은 역사적으로 근거가 없습니다. 오히려 지켜지지 않은 경우가 더 많았습니다.

오늘날 지구사회에서 군사력으로 해결할 수 있는 문제는 제한돼 있습니다.

저는 미국이 '민주주의'와 '자유'를 옹호하고 세계 발전에 기여한 일을 높이 평가합니다. 지금은 유일한 초강대국이 된 미국이 진정한 인류 평화를 위해 공헌하는 길을 모색하고 그 길로 나아가기를 바랍니다. 전 세계 사람들이 그것을 바라고 있습니다.

호흐라이트네르 미국은 지금까지 국내 이민에 있어서 '다양한 인종의 융합'의 모범을 보여 왔습니다. 교육, 테크놀로지, 사회·경제적 발전을 통해 여러 차별과 격차를 꾸준히 극복하고자 노력했습니다. 그러나 또 다른 측면에서는 세계의 리더십과 패권을 계속 추구하는 모습을 보여 왔습니다.

미국의 이미지와 행동은 미국의 대통령제를 이끄는 인물의 자질 — 그 비전과 성실함 혹은 평범한지 아닌지에 따라 큰 영향을 받습니다. 그리고 그 사람은 수많은 로

비(압력단체), 특히 특정 산업계의 이익에 따라 큰 압력을 받고 있습니다.

이케다 그중에서도 아이젠하워 대통령이 지적하고, 저와 대담한 경제학자 갤브레이스 박사도 분석한 '군산복합체'의 문제가 있습니다.

호흐라이트네르 미국에는 항상 군사적·경제적 패권의 길을 추구하려는 유혹이 존재합니다.
그 시기마다 책임을 맡은 리더가 평범한지 아닌지, 장기적인 시야와 평화를 사랑하는 마음, 국제적인 시야를 가지고 있는지에 따라 미국의 행보에 직접적인 영향을 미칩니다.
제국주의적인 야망 내지는 세계 재패와 관련된 문제는 전 세계 시민 모두와 관련된 문제입니다. 따라서 모든 시민에게 어떤 형태로든 미국 대통령 선거에 참여할 기회가 주어져야 한다고 생각합니다. 그렇게 된다면 조금이나마 상황을 변화시킬 수 있을 것입니다!
저는 평생 미국과 깊은 인연을 맺어 왔습니다. 그래서 미국에 대해 매우 긍정적인 추억을 간직하고 있습니다.

일찍이 저는 가족과 함께 미국에서 생활하고, 수도 워싱턴에서 국제공무원으로서 '미주기구'와 '진보를 위한 동맹', '세계은행'에서 일했고, 나아가 국제고등교육개발협회(ICED, International Consortium for Educational Development)와 '미래재단' 등 몇몇 미국 재단이나 학술기관의 이사직도 맡았습니다. 그 덕분에 저는 여러 면에서 칭찬할 만한 미국의 많은 특징을 깊이 이해하고 사랑하게 됐습니다.

미국의 수많은 장점과 긍정적이고 가능성 있는 발전이 더 나은 방향으로 나아갈 수 있게 전 세계 사람들이 도와준다면 그것은 인류의 이익에 이바지하는 일이 될 것입니다. 우리가 그렇게 실천한다면 항상 다국 간 협조 정신에 입각해 공정을 추구하고 환경을 보호하며 지속가능한 개발을 바라는, 평화를 사랑하는 사회로 나아가는 결과를 가져올 것입니다.

미국이 신뢰할 수 있는 벗이란 미국의 어떤 일탈이나 잘못을 가차없이 비판해야 하는 것과 동시에 그 나라도 자국을 위해, 인류 전체를 위해 건설적인 국가가 돼야 합니다.

이케다 그것이 바로 유럽이 완수해야 할 역할이라는 말씀이시군요.

호흐라이트네르 앞으로 미국과 유럽이 더욱 굳건하고 우호적인 관계를 맺기 위해서는 양측의 명확한 지원을 바탕으로 이라크의 평화를 달성해야 할 것입니다.
이와 동시에 유엔을 통해 다른 여러 국가와 손을 잡는 일도 필요합니다. 이때 '국제공법(國際公法)'은 반드시 필요한 조건이며, 이는 국제 협력과 평화를 위한 최우선 과제입니다. 북대서양조약기구(NATO)가 유효한 국제적 방위 수단인 것은 분명하지만, 유엔과의 체제를 더욱 효과적으로 연계할 필요가 있습니다.

이케다 다국 간 협력 체제로서 유엔은 최선이 아닐 수 있지만, 유엔이 없는 세계보다 유엔이 존재하는 세계가 더 나은 것은 분명합니다. '국제공법에 의거한 세계'의 핵심으로서 유엔의 위상을 드높이고, 개혁하며 강화하는 것

외에 다른 길은 없습니다.

그런 점에서 저도 박사님과 같은 의견이며, 해마다 다양한 개혁안을 제안해 왔습니다.

엄청난 희생자를 낸 두 차례의 세계대전과 헤이그평화회의나 국제연맹 등 수많은 전쟁 방지 장치들의 실패 경험을 바탕으로 유엔이 탄생했습니다. 유엔 헌장의 서문에 나오는 "우리 연합국 국민들은 우리 일생 중에 두 번이나 말할 수 없는 슬픔을 인류에 가져온 전쟁의 불행에서 다음 세대를 구하고"라는 구절이 그 점을 상징합니다. 바꿔 말하면 유엔이라는 인류의 의회가 만들어지기까지 그 정도로 '말로 다할 수 없는 슬픔'을 겪어야 했다는 것입니다.

그러므로 유엔의 존재와 세계시민의 평화를 위한 노력을 과소평가하거나, 특히 국가 간 파워게임[39]만 강조하는 것은 역사의 흐름에 역행하는 일입니다.

호흐라이트네르 저는 '세계정부'를 설치할 필요는 없다고 보지만, 유엔과 같은 국제기구는 필요하다고 생각합니다. 주권을 가진 대표자(만약 전쟁 중인 국가라 하더라도 대립을 일시 중단시킬 수 있는 대표단)를 통해 모든 회원국이 참여할 수 있는 '국제기구' 말입니다.

단, 국가는 모든 국가 간에 조정이 필요한 일부 사안을 유엔에 위임하는 것이지, 스스로 주권을 갖는 것에는 변함이 없습니다. 그런 의미에서 유엔은 '회담하는 자리'입니다. 정부 간에도, 기업, 재단, NGO 등 시민단체 사이에서도 '대화할 수 있는 자리'인 것입니다.

미국은 유엔을 경시하지 않아야 하고 국제 안보 문제에 있어서도 윤리적 권한이나 리더십을 회피하지 않아야 합니다. 또 매우 중요한 국제기구의 폭넓은 개혁에 착수해 현존하는 모든 국민국가가 반드시 참여할 수 있도록 리더십을 발휘해야 합니다.

이케다 이라크 전쟁 당시 '유엔 무기력론'이 무성했지만, 저는 반대로 유엔의 필요성이 증명됐다고 생각합니다.

오늘날 이라크를 둘러싼 미국의 고뇌는 유엔과 같은, 나라 간의 협약이 얼마나 중요하고 정당성의 원천이 될 수 있는지를 역설적으로 보여준다고 생각합니다.

국민을 총동원하는 근대 전쟁에서 전쟁 당사국은 언제

나 '정의(正義)'를 내세웠습니다. 박사님도 저도 '국가가 정의라는 이름 아래 사람을 죽여 온 역사'를 진절머리가 날 정도로 알고 있습니다.

문제는 '정의를 판단하는 사람은 누구인가?' 하는 점입니다. 정의의 기준은 바로 국가 간의 협약이고, 국제사회가 규칙을 정한 '국제공법'이어야 가장 합리적일 것입니다.

플라톤의 『국가』에 "'올바름'은 강자의 이익에 지나지 않는다."(『국가』(상), 후지사와 노리오 옮김, 이와나미문고)는 말이 있습니다. 수천 년의 역사에서 이러한 '힘이야말로 정의'라는 개념에 종지부를 찍기 위해, 인류는 가장 합리적인 방법으로 나라 간의 협약을 만들고 '국제공법'을 정비해 왔습니다.

이 점에서 두 차례나 세계대전의 참화를 겪은 유럽이 국가연합을 형성하고 국가 간의 협력으로 평화를 모색한 역사는 무거운 의미가 있다고 생각합니다.

조금 더 이야기를 이어가자면, 이러한 유럽의 장대한 실험이 평화와 번영의 세계 모델이 될지, 혹은 부유한 나라에 의한 블록화로 끝날지, 그 시험대는 이민 문제일 것입니다.

프랑스, 네덜란드 등 이민에 관용적인 나라에서도 최근 이민 정책이 변화하고 있습니다.

호흐라이트네르 EU는 가맹국 간 '이민법'이 잘 조화를 이루도록 조정하고 있습니다. 이상적으로는 '솅겐조약'[40](EU 내 출입국 수속을 간소화하는 조약)의 범위가 전 세계 시민에게까지 확대돼야 한다고 생각합니다.
그리고 인류는 '모든 사람을 위한 세계시민권'을 전 세계적으로 인정하고 그 제정을 목표로 해야 합니다. 실제 문제가 되면 다양한 장애물이 따르는 어려운 과정이 되겠지만 말입니다.

이케다 세계화 연구자인 사스키아 사센 박사는 "경제의 세계화는 국민경제를 탈(脫)국가화하고, 그것과 대조적으로 이민은 정치를 재(再)국가화한다."(『세계화의 시대』 이요다니 토시오 옮김, 헤이본사)고 한마디로 말했습니다.
'세계화로 국가는 쇠퇴한다.'는 말은 너무 조잡한 표현으로, 국경 관리나 테러를 비롯해 범죄 방지 등 질서 유지라는 정치적 기능은 오히려 강화되고 있습니다. 이러한 경향은 '9·11 테러' 이후 더욱 두드러지고 있습니다. '북에서 북으로' 혹은 '북에서 남으로' 국경 이동은 자유로워지는 반면, '남에서 북으로' 이동하는 자유는 엄격히 제한되고 있는 것이 현실입니다.

일본이 완수해야 할 역할

호흐라이트네르 모든 이민을 '전적으로' 받아들이려면, 지역 이기주의를 극복해야 합니다. 이민에 대한 문호 개방 정책은 때때로 저항을 불러일으킵니다. 이민 수용국의 '전면적 수용'이 어려운 이유는 수용자와 이민자 쌍방이 협력하지 않고, 각 지방의 문화적 전통을 거부하기 때문입니다.

이를 방지하려면 양측이 함께 전 세계적으로 합의되는 인간의 권리와 의무라는 테두리 안에서 각 지방의 규칙을 준수하고, 각 지역의 관습에 순응하도록 상호 존중과 관용의 우호관계를 쌓는 일이 중요하다고 생각합니다.

다음으로, 저는 향후 일본이 완수해야 할 역할에 대해 이케다 회장님께서 어떻게 생각하는지 묻고 싶습니다. 이케다 회장님은 '세계에서 배운 것'보다 훨씬 많이 '세계를 위해 공헌'하고 계십니다. 회장님의 대답과 회장님이 제안하는 희망이야말로 세계를 위한 공헌이 아닐까 생각합니다.

일본은 수십 년에 걸쳐 경제적, 기술적 발전을 통해 세계를 리드하는 국가로서 동양에 흔들리지 않는 기반을 다졌습니다. 또 제2차 세계대전 이후 독일과 더불어 고도의 문화적 전통과 평화를 사랑하는 전통을 부흥시킨 국가로서 훌륭한 모범이 되고 있습니다.

제가 알기로는 일본에서 시작된 창가학회의 교의와 실천이 이러한 과정에서 중요한 역할을 했습니다.

이케다 제2차 세계대전 이후 일본 사회에서 창가학회가 맡은 역할은 객관적인 분석에 맡기고 싶습니다. 다만, 척박한 이데올로기가 대립하던 시대에 서민들에게 평화의 철학을 넓히고 일본 사회에 확고한 평화 세력을 구축했다고 자부합니다.

일본이 완수해야 할 역할에 대해서 말씀드리자면 첫째, 세계에 자랑할 만한 평화 헌법[41]을 가진 나라로서 '평화와 인도주의 대국'이 돼 세계를 리드해야 한다고 생각합니다.

둘째, 일본은 진정한 의미에서 아시아의 구성원이 돼야 합니다. 아시아와 참된 우정을 맺지 못한 점이 지금 일본의 선택지를 좁히고 있습니다.

저는 이전부터 역사적, 문화적, 정치적 잠재력을 고려할 때 '중국'과 '인도'가 미국, 유럽과 함께 세계의 한 축이 될 것이라고 주장했습니다. 양국의 존재는 앞으로 더욱 중요해질 것입니다. 일본은 자국을 위해서 뿐 아니라 아시아와 세계를 위해서도, 특히 중국, 인도와 깊이 협력해야 한다고 생각합니다.

호흐라이트네르 말씀하신 뜻은 잘 알겠습니다. 저는 미국과 유럽뿐만 아니라 일본, 중국, 인도도 동등한 입장에서 적극 참여하지 않는다면, 공정하고 평화로운 세계 질서는 실현될 수 없다고 생각합니다. 물론, 그 외에도 라틴아메리카와 아프리카, 그리고 아랍의 여러 나라도 어떤 형태로든 참여해야 합니다.

중국은 세계 최대 국가이며, 그 눈부신 경제 성장과 전도유망하고 불가결한 개혁으로 인해 머지않아 세계의 주요 파트너 중 하나가 될 것은 분명합니다. 그 필요성은 모든 사람이 인정하고 있습니다. 게다가 수천 년에 이르는 중국의 독창적인 문화적 공헌은 주목할 만한 것으로 다시금 인식되고 있습니다. 중국은 자국뿐만 아니라 아시아 여러 나라에서 경제적으로 매우 강력한 중국인 사회를 구축했습니다.

이케다 동아시아에서 일본이 대두된 때는 불과 백 년 전의 일이지만, 그 이전 수천 년간 동아시아의 중심은 줄곧 중국 문명이었습니다.

중요한 것은 백여 년 전에 일본은 중국을 유린했지만, 그때까지 일본은 중화민족에게 침략을 받은 적이 없었다는 사실입니다.

중국 역사를 거시적으로 바라보면 일부 예외적인 시기를 제외하고는 '상무(尙武)'보다는 '상문(尙文)'의 전통이 있다는 인상이 강합니다.

이러한 역사적 관점에서 보면, 현재 중국의 위협을 굳이 지나치게 부각시킬 필요는 없다고 생각합니다.

제가 중일국교정상화제언을 발표한 때는 1968년이었습니다. 당시 중국은 문화대혁명 시대였고, 일본에서는 중국위협론이 지금보다 훨씬 팽배했지만, 저는 미래 세대를 위해 반드시 중국과 국교를 정상화하고 우호를 맺어야 한다고 강력히 주장했습니다.

지금 세계는 빠르게 변화하고 있지만, 이미 시작된 '동아시아 공동체'의 구축을 가속화하는 것이 일본은 물론 나아가 아시아와 세계의 안정을 위해 중요한 일임은 의심할 여지가 없습니다.

호흐라이트네르 인도는 최근 수십 년 동안 사회적, 경제적 성장을 이룩함과 동시에 민주화를 한층 발전시켰습니다. 그뿐만 아니라 고등교육이나 과학, 최신 기술 분야에서도 눈에 띄는 발전을 이뤘습니다. 현재 인도의 연간 경제성장률은 괄목할 만합니다. 매우 풍부하고 다양한 문화적 유산 역시 중국과 마찬가지로 매우 가치 있는 자산이 되고 있습니다.

인도는 지금까지와 마찬가지로 앞으로도 계속 주요한 정신적 영감을 세계에 전하는 중심 국가가 될 것입니다.

이케다 인도는 '정신의 대국'입니다. 우리는 불교의 발상지인 인도에 각별한 은혜를 입었습니다. 근현대에 인도의 정신적 공헌 중 하나인 간디의 비폭력주의가 세계에 선명하게 빛을 발하고 있습니다. 또 정치적으로도 인도는 여러 '비동맹국가'[42]의 리더로서 국제사회에 '제3의 관점'을 꾸준히 제시했습니다.

로마클럽이 『성장의 한계』에서 제시한 "지구가 어떻게 공생할 것인가?"라는 주제는, 지금은 테러 문제로 인해 가려져 있는 느낌도 있지만, 앞으로 원하지 않아도 국제사회의 중심 주제가 될 것입니다. 그때 서구의 근대 문명과 다른 문명관, 인간관, 자연관을 발신하는 인도의 목소리에 세계는 지금보다 더 귀를 기울일 것입니다.

호흐라이트네르 중국과 인도는 일찍이 제가 민간단체의 대표이자 국제적, 정부 간 조직의 사절로 여러 차례 방문해 임무를 수행한 나라입니다. 그래서 저는 이 두 나라를 여러 의미에서 존경하고 또 깊이 감탄하고 있습니다.
잊지 말아야 할 점은 이들 아시아 국가의 인구를 합치면 세계 총인구의 거의 절반에 달한다는 사실입니다. 지구상 다른 지역과 마찬가지로 일본, 중국, 인도는 과거의 적대적 관계를 뛰어넘어 지금이야말로 화해를 위해 노력하며 긴밀한 상호 협력 관계를 구축해야 합니다. 이들 각각의 세 나라는, 또 그 연대는 세계에 희망을 가져올 수 있는 기반을 갖추고 있습니다.
그리고 서양 국가들은 동양을 바라볼 때 동등한 입장에서 '같은 눈높이'로 '정면'으로 마주해야 합니다.

이케다 그렇습니다. '문명의 충돌'만은 피해야 합니다. 병든 지구는 인류에게 더 이상 제국주의나 힘의 논리를 반복할 여유를 허락하지 않습니다.
세계의 리더들이여, 공생을 위한 대화와 협력을! — 이 점을 저는 동쪽에서, 박사께서는 서쪽에서 계속 호소해 갑시다!

함께 바라보는 동과 서
인간혁명과 지구혁명

제9장
지도자 혁명과 글로벌 거버넌스

이상적인 지도자의 모습

호흐라이트네르 오늘날 지도자들은 말과 행동에 일관성이 없는 경우가 너무도 많습니다.
지금 우리에게 필요한 것은 공정한 리더십, 다시 말해 자연환경을 존중하고 다른 민족과 협력하며 조화롭게 인류가 공존할 수 있도록 이끄는 공정한 리더십입니다.
지구는 병들었고, 상황은 과거보다 더욱 악화됐습니다. 그러나 그러한 물질적 위기 이상으로 심각한 문제는 깊어지는 '가치관의 위기'와 '신뢰할 수 있는 지도자의 부재'입니다. 이 난국을 타개하고자 우리 로마클럽은 깊이 고민하며 토의하고 있습니다.

이케다 로마클럽이 경세(警世)의 서(書) 『성장의 한계』를 세상에 내놓은 지 30년이 넘었습니다. 물질문명이 이미 한계에 이르렀다는 사실은 널리 인식되고 있으며, 우리가 해야 할 일도 분명해졌습니다. 다만 '실천'이 절대적으로 부족합니다.

그 근본 원인은 전체를 보는 시각을 가져야 할 지도자의 '책임감 결여'에 있습니다. 자국이 더욱 부유해지기를 바랄 뿐, 가난한 나라의 사람들을 생각하지 않습니다. 눈앞의 일에 급급해 미래의 아이들을 생각하지 않습니다.

호흐라이트네르 현 상황에 만족하며 사리사욕을 채우고, 다른 사람의 일에 관심을 기울이지 않습니다. 세계는 심각하게 병들고 있으며 매우 불건전한 상태입니다. 이것이 지금 우리 지구에서 일어나는 일이라고 생각합니다.

이케다 일찍이 박사님께서 "지구가 병들었다고 해도 근본 문제는 인간이 병들고 있는 것입니다."라고 말씀하신 것이 생각납니다.
불교에서는 '환경의 혼란, 사회의 혼란은 반드시 사상의 혼란에서 비롯된다.'고 그 근본을 통찰했습니다. 병든 지구를 구하기 위해서는 사회를 움직이는 가치관이나 사상 자체를 바꿔야 합니다. 특히 지도자가 어떤 윤리관, 역사관, 사회관을 갖는지는 사회의 방향성을 좌우하는 직접적이고 중차대한 문제입니다.

로마클럽과 우리 SGI는 '지구혁명을 위한 인간혁명'을 주장한다는 점에서 뜻을 함께하고 있습니다. 그리고 우리는 공통 인식을 가지고 있습니다. 그것은 지도자에게 요구되는 '인간혁명'입니다. 이 '지도자 혁명'이 가장 시급한 과제입니다.

호흐라이트네르 박사님께서 만난 사람 중에 이상적인 지도자 모습을 구현한 분은 누구셨나요?

호흐라이트네르 누구보다 먼저 스페인 국왕이 떠오릅니다. 저와 스페인 국민에게 국왕은 매우 특별한 존재입니다. 국왕은 민중과 환경의 관계에 관해 언제나 언행이 일치하는 분이었습니다.

저는 인생에서 수많은 뛰어난 지도자와 만날 기회가 있었지만 국왕 다음으로 존 F. 케네디 대통령을 꼽고 싶습니다. 우리 집에는 지금도 케네디 대통령의 사진이 걸려 있습니다.

이케다 케네디 대통령은 정치에 인간적 요소를 불어넣었습니다. '힘의 논리'를 뛰어넘는 '도의(道義)의 힘'을 믿은 지도자였습니다.

"너무도 많은 사람이 평화는 불가능하고 비현실적이라고 생각하지만, 이것은 위험한 패배주의적 사고방식이다.", "인간은 자신이 원하는 만큼 성장할 수 있다. 인간의 운명과 관련된 어떤 문제도 사람의 능력 밖의 것이 아니다."(다카무라 조지 편역 『케네디 등장』 중앙공론신사) 케네디 대통령의 말은 리더십이 부재한 지금의 시대에 새로운 희망의 바람을 불어넣어 줍니다. 우리가 실천하는 평화를 위한 투쟁을 고무시킵니다.

호흐라이트네르 예전에 저는 '진보를 위한 동맹'의 일환으로서 라틴아메리카의 교육 10개년 계획을 담당하는 교육대책위원회 사무국장으로 임명된 적이 있습니다. 유네스코가 지원하는 프로그램이었습니다. 이 직무 덕분에 저는 역사상 가장 격동적인 시기에 케네디 대통령을 여러 번 만날 기회가 있었습니다.

이케다 실은 저도 1960년, 창가학회 회장에 취임한 지 얼마 되지 않아 케네디 대통령께 회견 제안을 받았습니다. 그러나 회견이 실현되기 전에 대통령이 흉탄에 쓰러져 매우 안타까웠습니다.

1978년 1월에 동생인 에드워드 케네디[43] 상원의원과 도쿄에서 만났습니다.

냉전이 한창이던 시기에 이뤄진 회견이었습니다. 저는 "중요한 것은 인간의 가치관입니다. 국제사회에 많은 과제가 있는 것은 당연합니다. 하지만 소련 사람도 사람이고, 중국 사람도 사람입니다. '인류는 하나의 공동체'라는 국제 여론을 높여야 합니다."라고 말씀드렸습니다.

케네디 상원의원은 이렇게 대답했습니다. "저는 사람들이 서로 이해하려면 '먼저 자신이 인간적으로 행동해야 한다.'고 생각합니다.", "돌아가야 할 곳은 '인간'입니다. '인간으로 돌아가라.'는 것입니다."

그 한마디 한마디에서 저는 케네디 가문에 힘차게 솟구치는 '고결함'과 '용기', 굳건한 '낙관주의'를 느꼈습니다.

호흐라이트네르 그런 역사가 있었군요.

유럽의 위대한 지도자 가운데 긴박한 상황 속에서 활약한 드골[44] 대통령(프랑스)과 아데나워 총리(서독)도 찬탄의 마음과 함께 떠오릅니다.

저는 카를스루에 공과대학교에서 석사 과정을 준비하던 시절에 아데나워 총리를 만났습니다. 민주주의에 관한 총리의 견해는 지금도 사람들을 크게 일깨우는 무언가가 있습니다.

드골 대통령은 '프랑스의 위대함'을 목표로 직접 그것을 구현했고 그것은 현대 프랑스에도 엄연히 영향을 미치고 있습니다.

두 사람 모두 제2차 세계대전 이후 단기적인 많은 문제로 혼란스러운 상황에서도 동과 서의 친밀한 협력관계를 목표로 하는 장기적 비전을 갖고 있었습니다.

이케다 아데나워[45] 총리와 드골 대통령의 공적으로 제가 가장 먼저 언급하고 싶은 것은 나폴레옹 시대 이후 이어진 적대 관계를 극복하고 독일과 프랑스의 화해와 연합 시대의 문을 열었다는 점입니다.

제2차 세계대전까지 대천지원수였던 두 나라가 불과 수십 년 만에 '다시 싸우지 않는' 관계로 바뀌었습니다. 이 엄연한 역사적 사실은 후세 사람들에게 '회복이 불가능해 보이는 그 어떤 대립조차도 극복할 수 있다'는 희망과 교훈을 주었습니다.

호흐라이트네르 저도 그렇게 생각합니다.
저는 국제기구와 정부의 관리로 활동하면서 아프리카와 아시아, 라틴아메리카 등 여러 나라의 많은 대통령과 정계 인사들을 만날 기회가 있었습니다. 그들이 지닌 귀중한 인격적 특성을 배우는 한편, 많은 단점도 있다는 사실을 확인했습니다.
제가 로마클럽 회장으로 있던 시절, 외부와 차단한 채 우리 상임위원회 멤버와 정치 지도자 서너 명하고만 대화하는 자리를 마련한 적이 여러 번 있었습니다. 잠시 후 회합이 완전히 비공식이라는 사실을 알게 되자, 이 충실하고 자부심이 강한 중요 인물들은 대부분 자신들의 지식의 한계와 불확정 요소의 존재를 솔직하게 인정하고 매우 적극적으로 우리의 조언을 받아들였습니다.

이케다 수많은 지도자의 실상을 접한 박사님의 경험은, 정치는 시스템만으로 이야기할 수 없는, '인간적 요소'의 비중이 얼마나 큰지를 말해줍니다.

호흐라이트네르 이케다 회장님의 벗이기도 한 고르바초프 옛 소련 대통령은 저와도 친분이 두터우며 제가 경애하는 분입니다.

고르바초프 대통령이 페레스트로이카(개혁)나 글라스노스트(정보공개)에 착수했을 무렵, 몇몇 로마클럽 상임위원회 멤버들과 함께 크렘린[46]에서 만났습니다. 우리는 회견 당초부터 매우 성실하고 내실 있는 관계를 구축할 수 있었습니다. 이후 우리는 모스크바뿐만 아니라 스페인에서도 거듭 만나 대화했습니다.

민주주의를 일관되게 추구하며 세계적 협력과 인권, 평화, 자유 등을 위해 노력한 지도자로서 고르바초프 대통령을 저는 깊은 공감과 존경의 마음으로 바라봤습니다. 고르바초프 대통령은 처음에는 자신의 이념에 충실하고 최선을 다해 공산주의의 많은 실패를 극복하려고 노력했습니다. 그리고 그 후에는 소련을 민주적이고 자유로운 국가로 바꾸기 위해 단호한 리더십을 발휘했습니다. 그의 노력과 성공에 깊은 찬사를 보냅니다.

고르바초프 옛 소련 대통령과 회견하는 이케다 다이사쿠 SGI 회장
(2001년 11월, 일본) 사진제공: 세이쿄신문사

이케다 고르바초프 대통령은 전임자들처럼 크렘린의 권력자로서 행동할 수도 있었습니다. 민주주의와 자유를 위한 개혁의 물결이 머지않아 자신마저 집어삼킬 것을 알면서도 그 사명을 향해 힘차게 나아갔습니다.

고르바초프 대통령은 제게 이렇게 단언하셨습니다. "저

는 권력이 무엇인지 잘 압니다. 권력과 정치가 정의와 모순되고 부도덕한 행위를 수반할 때 저는 그런 상황을 받아들이기 힘들었습니다.", "도덕이 결여된 정치와는 타협하지 않겠다는 신념 때문에 어쩌면 상상을 초월하는 대가를 받아들여야 했다고도 할 수 있을 것입니다."(『20세기 정신의 교훈』, 연합뉴스)
크렘린을 중심으로 한 권력 구조의 단단한 벽을 뚫고 고르바초프 대통령과 같은 인물이 등장한 것은 역사적인 행운입니다.

호흐라이트네르 이케다 회장님도 많은 지도자와 만나셨지요. 어떤 분이 인상에 남는지 이번에는 제가 묻고 싶습니다.

이케다 지금까지 서양의 인물을 거론했으니, 동양을 대표해서 한 사람을 꼽는다면 중국의 저우언라이 총리입니다.
1974년 12월, 베이징에 있는 병원에서 총리와 만났습니다. 불치병으로 병상에 있으면서도 아직 젊었던 저를 만나 주셨습니다.

총리는 불굴의 혁명투사이자 세련된 외교관이었고, 명석한 실무가였습니다. 그 한 몸에 역사를 통찰하는 지성과 국민을 위해 끝까지 최선을 다하겠다는 깊은 감정이 융합돼 있었습니다.

또한 마지막까지 사인방의 전횡(專橫)과 싸우며 덩샤오핑을 비롯해 다음 세대를 지키면서 계속 발전하는 오늘날의 중국으로 역사적 전환을 일으켰습니다. 저우 총리가 없었다면 지금과 같은 중국의 번영과 안정은 없었을 것이고, 중국의 번영과 안정이 없었다면 지금과 같은 아시아의 번영도 없었을 것입니다.

저는 21세기 동양을 대표하는 지도자라고 생각합니다.

호흐라이트네르 우리가 지금 이야기한 것처럼 예전에는 이념을 내걸고, 강한 의지를 가진 카리스마 있는 지도자들이 있었습니다. 그러나 오늘날에는 이런 사람이 적고 대부분 평범한 지도자가 돼 버렸다고 느낍니다.

이케다 유감스럽지만 저도 그렇게 생각합니다.

확실히 정치, 경제, 과학, 교육 등 모든 것이 거대해지고 고도로 시스템화된 현대 사회에서는 지도자 개인이 리더십을 발휘해 사회의 진로를 바꾸는 것이 점점 더 어려워지고 있습니다. 그렇기 때문에 앞으로의 지도자에게는 매우 높은 능력과 용기가 필요합니다.

저는 새로운 시대를 이끌어갈 지도자의 자질로, '시심(詩心)'을 들고 싶습니다. 인류 역사의 커다란 흐름을 분석하고 해석해 통찰하는 것이 '사회과학의 눈'이라면, '대우주에 대한 경외심'이나 '생명 존엄관'에 입각해 인간과 사회의 이상적인 모습을 전망하는 것이 '시의 눈', '문학의 눈'이라고 할 수 있겠지요.

융[47]의 말을 빌리자면 현대는 "구체적인 한 사람 한 사람의 존재 대신, 조직의 이름이 우위를 점하고", "개인의 도덕적 책임은 국가의 이성으로 대체된다."(마쓰시로 요이치 편역 『현재와 미래』 헤이본사)는 시대입니다.

이러한 시대에 현대의 지도자에게 부족한 것은 한 사람 한 사람이 둘도 없이 소중하다는 존엄성에서 출발하는 '시의 눈', '문학의 눈'이 아닐까요. 그러한 자질을 가진 위정자를 저는 '시인 정치가'라고 부르고 싶습니다.

동시에 '시인 정치가'는 자신이 한 말에 책임을 지고 생생한 언론의 힘으로 사람들에게 '도전할 수 있는 용기'를 불어넣는 사람입니다.
지금 우리가 이야기한 위대한 정치가들의 모습에는 이러한 자질이 빛나고 있었습니다.

호흐라이트네르 이케다 회장의 '시인 정치가'라는 개념이 저도 매우 마음에 듭니다. 저는 인간의 정신을 창조하는 것 중에 시와 철학이 그 정점에 있다고 생각합니다.
더욱이 제게 '이상적인 정치가'는 시민사회의 적극적인 참여로 자유선거를 보장하고 자신이 세운 계획과 자신의 정당 강령에서 공약한 목표 전반을 이행함으로써, 성실하게 사회봉사에 헌신하는 인물입니다. 제가 아는 분 중에 그런 인물로는, 콜롬비아 전 대통령인 벨리사리오 베탕쿠르 박사가 있습니다.
'이상적인 정치가'는 자신의 단기적 계획이 어떤 의미를 갖는지를 중장기적 전망과 함께 말하고 그것을 사회에 구현해야 합니다.

글로벌 거버넌스 시대

이케다 지도자가 말하는 '중장기적 전망'과 실제로 실시하는 '단기적 여러 정책' 사이에 괴리와 모순이 지금처럼 확산되는 시대는 없었습니다.

진정한 지도자는 '자신이 말하는 비전'을 향해 '눈앞의 현실'을 변혁하기 위해 과감하게 나서는 사람입니다.

어쨌든 정치가는 인간 생명의 존엄을 지키는 감성과 사회과학의 성과를 모두 흡수해 '중장기적 전망'을 내다보는 통찰력을 갖추고 인류의 평화 공존을 위해 착실히 전진해야 합니다.

'국가의 시대'에서 '글로벌 거버넌스[48] 시대'로 넘어간다고 해도 통치의 형태가 바뀌는 것만으로는 의미가 없습니다. 정치 그리고 지도자에게 '생명 존엄의 중시'와 '확고한 전망과 행동력', 아울러 '사람들에게 공감과 용기를 주는 언론의 힘'과 같은 기둥이 있어야 합니다. 그렇기 때문에 저는 '지도자 혁명'을 호소하는 바입니다.

'지도자 혁명'은 문자 그대로 '지구를 구하기' 위한 중요한 요청이라고 할 수 있겠지요.

호흐라이트네르 진심으로 찬동합니다.
이케다 회장님께서는 지금 '글로벌 거버넌스'에 대해 언급하셨습니다.
저의 관심사는 '현대 세계의 거버넌스가 어떻게 실행되는가?', 또 '거버넌스 개선을 위해 어떤 일을 시작해야 하는가?'입니다. 저는 거버넌스와 관련된 정부, 행정기구, 기업, 민간단체 등 여러 계층을 염두에 두고 있습니다.

이케다 국가를 초월한 문제에 대응하기 위해 어떤 통치 방식을 취해야 할까요? 제2차 세계대전 이후 아인슈타인 박사와 러셀 박사 등은 '세계 정부'와 '세계 연방'의 필요성을 주장했습니다만, 그것은 아직 실현되기 어려웠고, 당장 길이 열릴 상황도 아니었습니다. 대신 1990년대에 등장한 것이 '글로벌 거버넌스'라는 개념입니다. 다시 말해 세계 정부와 같은 총괄 기능의 존재 없이 국가를 비롯해 다양한 기관이 다양한 문제를 하나로 모아서 그 네트워크를 통해 지구를 운영한다는 사고방식입니다. 한마디로 말하면 '세계 정부 없는 통치' '비집권적 네트워크 통치'라고 할 수 있습니다.

그러나 이러한 글로벌 거버넌스의 이상적인 상태는 결국 그때그때 국가 간 힘의 관계를 투영한 것이 될 수밖에 없습니다. 공정하고 책임감 있는 글로벌 거버넌스를 만들기 위해서는 몇 가지 중요한 과제가 있습니다. 하나는 글로벌 거버넌스의 핵심인 유엔을 개혁하고 강화하는 것입니다. 다른 하나는 '법에 따른 지배'를 한 걸음 한 걸음 제도화하는 것입니다. 저는 그 기준으로서 국제형사재판소를 궤도에 올리는 것이 중요하다고 생각합니다. 그리고 무엇보다도 거버넌스를 지원하는 민중의 연대가 중요하다고 생각합니다.

지금까지 '지도자 혁명'에 관해 논의했지만, 중요한 것은 지도자에게 맡기는 것이 아니라 '인류적 가치'에 깊은 관심을 갖고, 미래 세대에 책임감을 갖는 세계시민 연대의 고리를 넓히는 것입니다. 이런 점에서 로마클럽과 SGI의 인식은 완전히 일치합니다.

역사를 창조하는 근본인 민중이라는 토양을 경작하는

것이야말로 훌륭한 리더를 낳고 '지도자 혁명'을 성취하는 원동력이라고 저는 믿습니다.

호흐라이트네르 로마클럽에서도 그 점을 중시하고 있습니다. 특히 기업과 기업가를 고려해야 합니다. 저는 지난 30년간 여러 기업가와 관계를 맺어왔습니다만, 기업은 대부분 부정적인 측면을 가지고 있어 사회의식이 없는 자연 파괴자가 되기 쉽습니다. 그러나 최근에는 기업가들이 이익의 일부를 재단, NGO, 경제 원조 단체에 기부하는 등 환경 문제에도 점차 관심을 보이기 시작했습니다.

이케다 이제 어떤 기업도 환경을 고려하지 않을 수 없습니다. 오히려 기업의 가치를 높이는 기회로 받아들이는 경우도 생기고 있습니다. 이 변화의 전환점은 다름 아닌 로마클럽의 『성장의 한계』 발표에 있었다고 생각합니다. 『성장의 한계』로 인해 소비자들은 자연환경이 무한히 이용할 수 있는 자원이 아니라는 사실을 알게 됐습니다. 소비자가 바뀌면 기업도 바뀔 수밖에 없습니다.

유엔에서는 코피 아난 사무총장의 주도로 유엔과 기업, 그리고 NGO의 공동 투쟁을 목표로 하는 '글로벌 콤팩트'[49]를 시작했습니다. 유엔은 인권이나 노동 조건, 환경 등의 분야에서 다국적 기업의 행동을 규제하고 유엔의 재원을 확보하려는 의도가 있습니다.

한편, 기업은 유엔의 이름으로 '환경과 인권을 배려한다'는 이미지를 어필할 수 있다는 이점이 있습니다.

국경을 넘어 활동하는 기업은 좋든 싫든 국제 사회의 중요한 플레이어입니다. '글로벌 콤팩트'에는 규제가 없고 유엔의 권위를 기업이 이용하는 데 그친다는 비판도 있습니다만, 앞으로 이 평화로운 연합이 점진적으로 발전하기를 기대합니다.

호흐라이트네르 지구사회를 논할 때 또 하나의 중요한 요소로 미디어를 언급하지 않을 수 없습니다.

무엇으로도 조작되지 않는 적절한 정보의 자유로운 흐름이야말로 인간의 기본 권리입니다. 그러한 정보의 흐름은 세계화의 모든 건설적인 가능성을 키우고, 세계화가 권력과 부를 가진 사람들만을 위해 작동하는 것을 막을 수 있습니다.

'적절한 정보의 자유로운 흐름'은 무엇보다도 윤리적이고 도의적인 가치입니다. 각 대중매체가 윤리적이고 독립적이며 객관적인 정보를 제공할 수 있도록 감독하고 조언하는 독자적인 심의기관을 확립할 것을 요구해야 합니다.

이케다 오늘날 각국의 국내 정치에서도 국제 정치에서도 '미디어 정치'의 양상이 점점 강해지고 있습니다. 정치인들은 항상 미디어의 시선을 신경 쓰고 종종 미디어 정보의 흐름을 조작해 자신에게 유리한 방향으로 몰고 가려 합니다.

오늘날 우리가 얻을 수 있는 정보는 비약적으로 늘고 있습니다. 그러나 정보량의 확대에 비례해 허위 정보가 확대되면서 거기에 휘둘릴 위험도 늘고 있습니다.

따라서 앞으로 '미디어 리터러시[50](미디어 정보 해독력)'를 어린 시절부터 익힐 수 있도록 제도화할 필요가 있습니다.

또 하나 말씀드리고 싶은 관점은 '미디어의 진화는 우리를 행복하게 하는가?'라는 것입니다. 위성 방송과 인터넷으로 대표되는 정보의 진화, 세계화는 우리에게 두 가지 상반된 미래상을 제시합니다. 하나는 국경을 초월해 사람들의 유대를 강화하고, 세계 민주주의의 성장을 돕는 긍정적인 이미지입니다. 반면, 조지 오웰이 『1984』에 그린 것처럼 감시 사회가 도래할 수 있다는 부정적인 전망도 있습니다.

전자의 미래 모습으로 가기 위해서도 정보를 선별하고 올바르게 인식하는 것이 더욱 중요하지 않을까요? 더 나아가 지식은 인간을 즉각적으로 행복하게 만들지 못합니다. 인간의 행복을 좌우하는 것은 '지식을 살릴 수 있는 지혜를 가지고 있느냐, 없느냐' 하는 것입니다.

그리고 이 지혜를 체득하는 수단으로서 사람들 사이의 직접적인 '대화'와 선인들의 지적 유산을 배울 수 있는 '독서'의 중요성은 점점 더 커질 것입니다.

함께 바라보는 동과 서
인간혁명과 지구혁명

제10장
세계시민 교육

미국소카대학교(SUA) 개교

이케다 호흐라이트네르 박사님은 지금까지 미주기구(OAS)와 유네스코, 세계은행에서 재정, 관리, 개혁과 관련된 요직을 맡으셨습니다. 또 스페인과 콜롬비아에서 대학 교수를 역임하시고, 전 세계의 여러 정부에 교육정책을 조언하셨습니다. 또한 모국인 스페인의 교육 개혁을 위해서도 대단한 중책을 맡으셨습니다.
세계적으로 저명한 '교육자'이신 박사님과 '교육'에 초점을 맞춰 이야기하고 싶습니다.

호흐라이트네르 저도 이 대담의 가장 중요한 주제 중 하나로 교육을 논하고 싶었습니다. 왜냐하면 제가 알기로 이케다 회장님은 무엇보다 교육을 중시하는 '교육자'라고 생각하기 때문입니다.

이케다 그동안 박사님과 여러 차례 교육에 관해 이야기를 나눴습니다.

'지구혁명'시대에 '인간혁명'의 필요성을 논의했습니다. 로마클럽의 창립자인 페체이 박사가 지적하신 내용이 떠오릅니다. 페체이 박사는 인구 폭발, 유한한 자원 및 환경 파괴라는 복합적인 문제를 해결하려면 인간의 이기적인 행동을 변혁하는 수밖에 없다고 지적하셨습니다. '인간혁명'을 내걸고 "성장에 한계는 있지만 학습에는 한계가 없다.", "자원은 유한하지만 인간의 내적인 부(富)는 무한하다."고 주장하셨습니다.

호흐라이트네르 페체이 박사는 "먼저 우리가 어디에서 왔고, 어디로 가는지를 알아야 합니다.", "지구가 병들고 있다고 하지만 근본적인 문제는 인간 자신이 병들고 있다는 점입니다."라고 호소하며 인간혁명의 중요성을 강조하셨습니다.
한 사람 한 사람의 인간혁명을 위해서 교육은 반드시 필요한 요소입니다.

호흐라이트네르 영광스럽게도 저는 1994년에 소카대학교의 명예박사 학위를 받아 회장님께서 애쓰신 세계적인 교육 사업을 조금이나마 직접 볼 수 있었습니다. 그리고 미국소카대학교가 회장님의 교육 사업을 집대성한 곳이라는 사실도 잘 알고 있습니다.

이케다 따뜻한 말씀 감사합니다.
미국소카대학교는 2004년 여름, 제4기 입학생을 맞이하면서 모든 학년이 갖춰졌습니다.
미국은 교육을 중요하게 생각하는 나라입니다. 개교 당시 '뉴욕타임스'(2001년 7월 25일자)에도 미국소카대학교에 관한 특집 기사가 실렸습니다. '태평양을 바라보며 드넓은 하늘로 뻗어가는 대학', '경탄할 만한 교육 사업', '미국소카대학교에는 커다란 꿈이 있다.' 등의 내용이었습니다. 그 밖에도 미국 전역의 40개가 넘는 매체에 보도됐습니다.
2005년 5월에는 첫 졸업생을 배출했습니다.
졸업생 100명 중 30명 이상이 대학원에 합격했습니다.
미국의 예일대학교, 캘리포니아대학교 버클리캠퍼스 등 명문 대학원에 이름을 올리고 있습니다.

호흐라이트네르 개교한 지 얼마 되지 않은 대학으로서는 경이로운 실적입니다.

이케다 미국 대학원은 실적이 없는 대학 출신의 학생을 좀처럼 받아들이지 않는 관습이 있습니다. 그런 상황에서 학생 한 사람 한 사람의 높은 학력 수준과 사회 공헌을 향한 열정, 그리고 인간성을 알게 된 대학원 측이 미국소카대학교 학생들을 잇따라 받아들였습니다.
졸업식에 참석한 미국 고등교육계의 중진인 캘리포니아대학교 전 총장 펠터슨 씨는 이렇게 말씀하셨습니다.
"저는 지금까지 오랫동안 고등교육에 종사했지만, 미국소카대학교의 높은 교육 수준에 감동했습니다. 교수는 매우 열정적이며 학생들은 인류에 공헌하겠다는 큰 뜻을 품고 있습니다. 이렇게 우수한 교육의 성과를 제1기생이 훌륭하게 증명했습니다."
박사님을 비롯해 세계 각계에서 응원해주시는 분들께 깊이 감사드립니다.

호흐라이트네르 미국소카대학교의 개교는 미국의 존경,

칭찬, 협조를 보여주는 의심할 여지없는 증거입니다. '풍요로움과 변혁을 바탕으로 세계에 공헌할, 존경할 만한 대학'이라는 인식이 있기에 개교가 실현됐다고 생각합니다.

미국소카대학교가 주목받은 이유에 대해 어떻게 생각하십니까?

이케다 미국소카대학교에는 2005년 기준으로 30여 개국이 넘는 나라에서 온 학생들이 공부하고 있습니다. 국적이나 민족, 언어, 종교 등의 차이를 초월해 모든 사람은 평등합니다. 이처럼 자타(自他)가 함께 존엄을 근본으로 하는 '세계시민 교육', '인간주의 교육', '학생 중심 대학'이라는 점이 주목받는 이유인 것 같습니다.

예를 들어 대학 캠퍼스에서 가장 경관이 좋은 장소를 학생 기숙사로 제공했습니다. 식당은 교수와 학생들이 함께 사용하고, 총장실도 다른 교수의 방과 크기가 같습니다.

기쁘게도 학생들은 자연스럽게 '세계시민의 기풍'을 몸에 익히며 성장하고 있습니다.

세계시민 교육을 목표로 2001년 설립된 미국소카대학교. 2025년 기준 40여 개국에서 온 학생들이 이곳에서 배우고 있다.
사진제공: 세이쿄신문사

토머스 린지 댈러스대학교 부총장도 미국소카대학교의 '학생 중심 교육', '평화, 인권, 생명의 존엄을 엄수'한다는 이념에 깊이 공감하며 이렇게 말씀하셨습니다.

"미국소카대학교는 학생들의 정신에 국제적이고 인간주의적인 세계관을 배양하려고 합니다. 저는 지금까지 익숙한 서양적 전통과 불교적 가치관에 바탕을 둔 창가교육의 이념이 훌륭하게 일치하는 모습을 보고 매우 감동했습니다."

호흐라이트네르 일반 대학에서는 총장이 학생은 고사하고 교직원과 대화할 기회조차 없는 경우도 많습니다. 그런데 미국소카대학교에서는 '학생 중심'이라는 자랑스러운 전통이 자리잡아 선구적인 '대학혁명'을 실천하고 있습니다.

교육은 무엇을 위해 존재하는가

이케다 박사님도 대학 설립을 추진하셨습니다.

호흐라이트네르 예. 다만 제 경우는 공립 교육제도와 관련해 주로 교육의 기회균등이나 평생교육, 교육의 탁월성을 목표로 했습니다.

처음에는 콜롬비아에 체재하는 동안(1955~1957) 직접 기획한 교육 5개년 계획의 일환으로 몇 곳의 새로운 대학 설립을 추진했습니다. 그중 한 곳이 페레이라공과대학교로, 이 대학에는 제 이름이 붙어 있습니다.

1968년에는 당시 후안 카를로스 왕세자 제안으로, 스페인에 귀국해 총체적인 교육 개혁(1970년 교육총법령)에 힘썼습니다. 당시 스페인의 프랑코 정권은 이미 붕괴를 피할 수 없는 상황이었고, 미국과 프랑스에서 일어난 학생들의 반대 운동이 스페인의 반란에 영향을 주면서 변혁의 분위기가 고조됐습니다. 저는 그 무렵 교육과학부 차관에 임명됐습니다.

민주주의로 이행되기 직전의 스페인에서 초미의 관심사였던 근본적인 교육 개혁을 수행해 모국에 공헌할 수 있어 매우 기뻤습니다.

그 사업의 일환으로서, 시범적으로 제 고향인 빌바오와 마드리드, 바르셀로나, 발렌시아에 자치대학 다섯 곳을 설립했습니다. 그중 두 곳은 종합기술전문학교입니다. 그리고 발렌시아에 농업단과대학을 창립했는데 이 대학에도 제 이름이 붙어 있습니다.

그렇지만 제가 주력한 교육 개혁 사업은 중·고등학교 교육, 교사 연수 및 양성이었습니다.

이케다 어려운 상황에서 손수 대학을 설립하셨기에 그 기쁨은 남다를 것이라고 생각합니다. 저도 잘 알고 있습니다.

저 또한 창가학회가 경제적으로 어려웠던 시절, 창가교육 최초의 학교인 소카학원(초·중·고)을 창립했습니다. 반대하는 목소리도 있었지만, 저는 "인간을 만드는 양 바퀴는 '교육'과 '종교'다. 교육 없는 종교는 독선이 돼 버린다."고 주장했습니다.

또 저는 "마키구치 선생님께서 확립하신 창가교육을 세계에 꽃피우겠다."는 스승 도다 선생님의 간절한 소원을 실현하고 싶었습니다.

호흐라이트네르 미국소카대학교도 세계적인 혼란 속에서 개교를 맞이했군요.

이케다 그렇습니다. 제1기생이 입학한 2001년 8월의 다음 달인 9월 11일에는 참혹한 '9·11 테러' 사건이 일어났습니다. 새로운 평화의 세기를 만들고자 했던 제1기생의 슬픔이 얼마나 깊었을까요.

그날 밤, 학생들은 지역 시민들에게도 호소해 캠퍼스에서 긴급히 희생자 추모 집회를 개최했습니다.

훗날, 그 추모 집회에 참가한 지역 고등학생이 대학에 메일을 보냈습니다.

메일에는 "그날 내 마음은 증오로 가득했습니다. 하지만 추모 집회에서 여러분의 이야기를 듣다 보니 마음이 가라앉았고, 평화의 중요성을 깨달았습니다."라고 적혀 있었습니다.

'평화를 바라는 마음'을 대화로 공유하는 일은 매우 중요합니다. 그리고 거기서부터 '평화의 연대'를 얼마나 넓힐 수 있을지의 문제는 더욱더 중요합니다.

학생들은 그날의 충격을 이겨내고, 지금 세계평화를 위한 투쟁에 정열을 불태우고 있습니다.

호흐라이트네르 어려움은 인간을 더욱 강하게 성장시킵니다. 미국소카대학교는 세계평화에 크게 기여할 것으로

기대됩니다.

회장님께서 추진하시는 창가교육의 뿌리에 대해 조금 더 말씀해 주십시오.

이케다 현대 교육 문제의 근본 원인은 '교육은 무엇을 위해 존재하는가'라는 교육관이 왜곡된 데 있다고 생각합니다.

오늘날 교육은 산업사회에 필요한 인재를 길러내는 데 치우쳐 인간을 어떤 고정된 틀에 끼워 넣는 듯한 모습이 되고 있습니다.

본래 각자의 다양한 가능성 향상을 목표로 했던 교육이, 사회의 특정한 가치관에 따라 안이한 획일성에 휩쓸려 그 범위가 좁아졌습니다. 더욱이 그 틀에서 벗어난 존재는 배제되기 쉽습니다. 이래서는 교육의 황폐화를 피할 수 없습니다.

우리 창가교육은 이러한 상황에서 '사회를 위한 교육'이라는 관점을 깨고 '교육을 위한 사회'로 전환하는 것을 목표로 했습니다.

이러한 교육관의 근본 출발점은 마키구치 초대 회장의

사상에 있습니다. 마키구치 회장은 군국주의 교육[51]이 휘몰아치는 와중에 "교육은 아이들의 행복을 위해 존재한다."고 용감히 외쳤습니다.

'눈앞에 있는 아이들의 행복을 가장 우선시한다.' 이것이 창가교육의 핵심입니다.

이처럼 '교육은 아이들의 행복을 위해 존재한다.'라는 대원칙이 서게 되면 교육의 방향은 크게 달라질 것입니다. 이는 교육자만의 과제가 아니라 가정과 지역사회, 정치와 경제를 포함한 사회 전체의 문제이며, 모두가 책임져야 할 일입니다.

호흐라이트네르 잘 알겠습니다. 중요한 관점입니다.

만약 교육하는 사람들(부모, 교사 나아가 사회 전체)이 본보기가 되어 학생들에게 윤리와 도덕의 가치를 전하지 않는다면 교육이나 학문은 단순한 지식의 전달에 그치고 맙니다. 따라서 일상생활에서 우리의 행동과 우리가 말하는 가치관은 일관되고 모순되지 않아야 합니다.

이케다 말씀하신 그대로입니다. 박사님께서는 지금까지 다양한 국제 교육 활동에 종사하셨습니다. 예를 들어 스물여덟 살이라는 젊은 나이에 콜롬비아 교육부의 종합조정관과 교육계획장관에 취임하셨습니다.

호흐라이트네르 예. 저는 과학기술과 경영 분야를 거쳐 교육에 인생을 바쳤습니다. 지금까지 전문기술 교육과 교육정치학에 관한 일에 매진한 이유는 인도주의적 관점에서 우리가 할 수 있는 일 중 가장 근본적이고 중요한 공헌이 교육이라고 확신했기 때문입니다.

저는 스물네 살에 대학 교수로 콜롬비아에 건너갔고, 그 뒤에 교육계획장관으로 임명됐습니다. 세계은행에서 재정 지원을 받고, 훗날 케네디 대통령이 시행한 '진보를 위한 동맹' 정책의 도움으로 교육 부문에서 몇 가지 중요한 프로젝트를 성공리에 수행할 수 있었습니다.

개혁에 저항하는 반대 세력의 협박도 있었습니다. 개혁에 종사하는 우리가 신변에 위험이 닥쳤다는 사실을 알게 된 콜롬비아의 문부장관은 개혁 추진을 위해 저를 교육계획장관으로서 문부차관에 임명했습니다.

이케다 대선(大善)을 행하려고 하면 그것을 막으려는 세력이 반드시 기승을 부리게 마련입니다. 이것이 바로 인간사회의 현실입니다. 그러한 상황에서 박사님께서는 신념을 지키며 세계 곳곳에 교육의 길을 열어오셨습니다. 젊은 시절부터 중책을 맡으셨는데 어떤 어려움이 있으셨습니까?

호흐라이트네르 젊은 시절의 고생은 인생에서 당연히 겪어야 할 일이라고 받아들였습니다. 만약 나이가 들었다면 고난에 대해 의문을 품었을 것입니다. 젊음에는 어려움에 맞서는 위대한 힘이 숨겨져 있습니다. 그것은 젊음의 순수함에서 비롯된 '용기'라는 희망입니다.

저는 오히려 사랑하는 가족과 친구들이 고통받는 모습을 보는 것이 가슴 아팠습니다. 제 개인적인 고뇌는 과격파(극우나 극좌)와 ETA[52](테러 단체)로부터 받은 부당한 압력과 협박이었습니다.

이케다 그러셨군요.

그 뒤로 박사님은 콜롬비아에서 추진한 교육 개혁의 큰

공적을 인정받아 유네스코가 세계적 규모로 실시한 교육 계획에도 참여하셨다고 알고 있습니다.

호흐라이트네르 예. 저는 유네스코에서 주로 콜롬비아 교육 5개년 시험 계획을 구체적인 참고 사례로 삼아 교육 계획 프로그램을 소개했습니다. 이 교육 계획 프로그램은 1969년 유네스코총회에서 유네스코 최우선 프로그램으로 선정됐습니다.

저는 기술지원 사절로 파견돼 세계 각국을 돌며 교육의 계획, 관리, 개혁을 위한 훈련시설을 지역에 설립하는 일을 도왔습니다. 또 지역마다 교육장관이나 경제계획장관이 참여하는 교육 계획과 개혁의 지침을 제시하는 지역회의를 담당했습니다.

아시아에서 열린 어느 지역회의에 참석했을 때 저는 문화 차이에 관한 흥미로운 사실을 알게 됐습니다. 실은 그때가 첫 아시아 국가 방문이었습니다.

1969년 12월 파키스탄의 카라치에서 열린 회의 초반에 저는 아시아 각국 장관들 앞에서 연설을 하고 있었는데, 많은 장관이 머리를 좌우로 흔들고 있었습니다. 연설이 끝났을 때 큰 박수를 받았지만, 분명 제 의견에는 모두 반대일 거라고 생각해 실망하고 있었습니다. 그래서 옆에 앉은 인도인 동료의 귓가에 대고 속삭였는데, 그는 큰 소리로 웃으며 청중에게 제가 사람들의 반응을 오해했다고 설명했습니다. 당황해하는 제게 갑자기 연민의 박수갈채가 터져 나왔고, 계속해서 더욱 큰 박수가 쏟아졌습니다. 머리를 흔드는 행동은 그들에게 동의를 나타내는 표현이었던 것입니다.

훗날 저는 그들에 대한 감사의 마음을 담아 아시아 사람들 중에는 '머리를 흔드는 사람'과 '머리를 흔들지 않는 사람'이 있다는 이야기를 자주 소개하곤 했습니다.

인간 생명의 존엄을 위해

이케다 박사님은 일관되게 세계시민 교육을 위해 헌신하셨습니다. 그 공적은 매우 큽니다.

호흐라이트네르 그렇게 말씀해주시니 송구스럽습니다. 이케다 회장님도 지금까지 평화제언 등을 통해 세계적인 관점에서 바라보는 교육을 호소하셨습니다.

이케다 2004년에 발표한 제언에서도 세계평화를 위해 가장 힘써야 할 일로 '교육'을 거론했습니다.

교육이야말로 '행복을 여는 힘'이고, '평화와 번영을 향한 근본적인 길'입니다. 또한 사람들이 자신과 타인을 위해 행동할 수 있는 능력을 키우는 토대이기도 합니다. 현재 전 세계에 읽고 쓰지 못하는 성인이 8억6천만 명, 학교에 다니지 못하는 아이들이 1억2천100만 명이나 있다고 합니다. 교육의 발전 없이는 세계의 발전 목표를 달성할 수 없기에 개혁이 시급합니다.

그러나 여전히 자금 등의 문제로 초등교육의 보급조차 낙후된 나라가 많습니다. 그 장벽을 국제협력으로 해소해야 합니다.

저는 유엔이 목표로 삼고 있는 초등교육 보급을 지원하기 위해 '글로벌 초등교육기금'[53]과 같은 형태로 국제적인 자금 협력 방안을 강화해야 한다고 호소했습니다.

호흐라이트네르 저도 국제적 규모로 초등교육 보급에 투자하는 일은 개발도상국 발전에 투자하는 일 이상으로 가치가 있고 지속성이 높다고 확신해서 지금까지 이 일을 해오고 있습니다.

'일부를 위한 교육'은 다양하게 이뤄지고 있습니다. 그러나 회장님은 '모든 사람을 위한 교육'을 제안하셨습니다. 저도 지속가능하게 경제적·문화적 가치를 창조하는 평생교육을 늘 추진해 왔습니다. 건강을 위한 교육, 모든 사람의 삶을 향상시키기 위한 교육, 그리고 '모든 사람을 위한 교육'이어야 합니다. 우리가 추진하려는 교육은 바로 이것입니다.

예를 들어 인도의 60만 농촌 지역에 정보센터를 설립해 인터넷과 라디오로 연결하고 정보를 제공합니다. 그러면 강력한 연대를 만들 수 있습니다.

교육 세계화의 장래성에 관해서는 '과학적인 문화'나 '문화에 기초한 과학' 등 모든 분야와 국면을 포괄한 세계교육이 중요하다고 생각합니다. 모든 현상에 대해 언급하고 동시에 세계화를 늘 의식하는 교육이여야 교육 본연의 의미가 있는 것이니까요.

회장님은 전쟁 없는 세계를 만드는 초석이 되는 세계시민 교육을 어떻게 생각하십니까?

이케다 교육을 널리 보급하는 것뿐만 아니라 평화 공존의 토양을 만들기 위해서는 교육의 질이 중요합니다. 국가 간의 적대 의식을 부추기거나 민족 간의 차별 감정을 조장하는 교육이 이뤄진다면 불신과 증오를 증폭시킬 수 있습니다.

미국의 저널리스트 노먼 커즌스[54]씨가 "인간의 상처나 아픔에 무관심한 태도는 교육이 실패했다는 더없이 명백한 증거다."라고 말한 그대로입니다.

호흐라이트네르 말씀하신 바와 같습니다.

정보나 지식이 극적으로 증가한다고 해서 지혜도 함께 성장하는 것은 아닙니다.

현재 스페인에서는 교육의 질이 자주 화제가 됩니다. 스페인에서 이렇게 여러 사람이 많은 내용을 학습하고, 많은 청년이 대학 수준의 교육을 받은 시대는 없었습니다. 그러나 '지식'과 관련된 위기는 엄연히 존재합니다. 이는 인류가 막대한 양의 정보를 실시간으로 빠르고 자유롭게 다룰 수 있게 된 결과로 나타난 부산물입니다.

방대한 정보를 앞에 두고 우리는 숨이 막힐 지경에 이르렀습니다. 우리는 정보에 '질식'됐고 '소화불량'을 겪고 있습니다.

지식은 정보를 소화해야 얻을 수 있습니다. 정보를 수집하고, 분류하고, 선택해야 문제 해결을 위한 결론을 도출할 수 있습니다. 지식이나 교양이 늘었다고 지혜를 얻은 것은 아닙니다.

지식의 증가가 수십 년 전 독일에서 발생한 나치즘과 같이 끔찍한 결과를 초래한 사실이 있습니다. 이는 인간의 공존을 위해 뛰어난 지혜를 활용하는 법을 몰라 지식을 대량 살상에 이용하고 말았기 때문입니다. 그들은 지식과 교양을 이용해 타인을 지배하고 특정 문화를 강요했습니다.

이케다 지식은 '양날의 검'과 같은 성격을 갖고 있습니다. 제2차 세계대전 당시 일본도 그랬습니다. 많은 지식인이 전쟁을 미화했습니다. 좋은 교육이란 지식을 활용하는 지혜를 가르치고, 인간 자신의 가능성을 개발하는 길을 가르치는 것입니다. 특히 앞으로는 세계시민으로서 자각하도록 촉구해야 한다고 생각합니다.

호흐라이트네르 일찍이 교육에 관해 나눈 대담에서도 지역사회와 공동체 변혁의 근원을 주제로 논의했습니다. 왜냐하면 이 과제를 빼놓고는 교육의 개혁을 시작할 수 없기 때문입니다. 오르테가 이 가세트[55]가 말한 것처럼 근본부터 시작해야 합니다.

'세계시민'이 되기 위해서는 가정에서는 좋은 아들과 딸, 지역사회에서는 좋은 동료와 좋은 일원이 되어야 합니다. 이처럼 근본적인 부분부터 시작해야 개혁에 더 깊이 영향을 줄 수 있습니다.

이것은 회장님이 말씀하신 '한 사람이 그 환경, 지역, 국가, 나아가서는 세계까지도 바꿀 수 있다.'는 생각과 통하는 이야기입니다.

이케다 한 사람의 변혁이야말로 근본입니다. 저는 평화 공존의 사회를 구축하는 세계시민 교육을 위해서 특히 인권 교육과 환경 교육이 커다란 열쇠를 쥐고 있다고 생각합니다.

저는 일찍이 유엔이 정한 '인권 교육을 위한 10년'(1995~2004)에 이어지는 형태로, '평화를 위한 인권 교육의 10년'의 설치를 제안하는 메시지를 유엔에 보냈습니다.

평화나 빈곤 문제와 같은 인류가 직면한 과제를 염두에 두면서, 다음 세대를 짊어질 아이들에게 초점을 맞춰 '평화와 공생의 지구사회' 구축으로 이어지는 인권 교육 추진에 힘써야 한다고 호소했습니다.

SGI는 다른 NGO나 각국 정부와 계속해서 협력을 이어왔습니다. 인권 교육의 분위기가 고조되는 가운데 유엔은 2005년 1월부터 '인권 교육을 위한 세계프로그램'[56]을 시작했습니다. 이처럼 세계시민을 육성하는 인권 교육의 흐름을 더욱 강화해야 합니다.

호흐라이트네르 '교육'은 개개인이나 집단이 더 깊은 지식으로 자연의 신비를 찾아내도록 인간의 창조력을 끌어낼 수 있습니다. 동시에 교육은 '사랑하는 법'을 가르쳐야 합니다.

상대를 알아야 그 사람을 사랑할 수 있듯이, 지식을 가진 사람은 그 지식을 사랑해야 합니다. 요컨대 그 지식을 과학기술 등에 적용할 때 전쟁, 파괴, 오염 등을 위해서가 아니라, 애정을 갖고 평화를 위해 또 지속적인 사회 발전, 인도주의 발전을 위해 활용해야 합니다. 교육은 그 점을 가르쳐야 합니다.

저는 환경 교육을 통해 우리 개개인이 자연을 대하는 태도가 변하고, 인간과 자연 사이에 조화로운 관계가 세워질 것이라고 믿습니다.

이케다 박사님의 의견에 전적으로 동의합니다.

인권 교육이나 환경 교육도 먼저 그것을 가르치는 어른들이 인권이나 환경을 소중히 여기는 삶을 살고 있느냐 그렇지 않느냐가 전제돼야 합니다.

퍼그워시회의[57] 회장으로 '영속적인 녹색혁명'을 추진하고 있는 스와미나탄[58] 박사와 만났을 때 박사는 이렇게 말씀하셨습니다.

"'환경 교육'의 핵심은 자원을 낭비하지 않는 '지속가능한 생활방식'을 몸에 익히는 데 있습니다. 그런데 교실에서는 "환경을 소중히 하라."고 가르치면서, 텔레비전에서는 "더 사라, 더 소비하라."고 선전합니다. 또 정부가 군사 예산에 막대한 돈을 쏟아 붓는 현상은 결과적으로 '지속가능발전'에 대한 역행입니다. 이러한 현실을 보고 자란 아이들은 '환경 문제는 그저 시험문제를 풀기 위한 지식'이라고 생각할 것입니다. 환경 교육에서 가장 중요한 점은 '비폭력의 삶의 방식'을 가르치는 일입니다."

호흐라이트네르 교육은 미래를 향해 막대한 문제를 해결할 수 있는 힘이 있습니다. 그 교육의 힘을 최대로 발휘하려면 우리는 스스로 다음과 같은 질문을 던져야 합니다. 자연과 생명에 관심, 존중, 배려가 있는지, 타인을 존경하고 관용하는 마음이 있는지, 타국과 자국의 가난한 사람들에게 연대감이 있는지, 우리 자신이 무의식적으로 소비주의 풍조에 물들어 있지는 않은지를 물어야 합니다.

이케다 중요한 점을 말씀해주셨습니다. 오늘날 '비폭력'이란 단순히 직접적으로 폭력을 휘두르지 않는 것에 그

치지 않습니다.

지구적 문제의 원인에는 차별, 억압, 빈곤, 인권 침해와 같은 '구조적 폭력'이 그 배경에 있습니다. 이는 가정에서부터 국제사회에 이르기까지 퍼져 있습니다. '구조적 폭력'이 자연을 향하면 환경파괴가 되고, 인간을 향하면 인권 억압이 됩니다. 이러한 구조적 폭력[59]을 극복하는 가운데 진정한 의미의 '비폭력'이 있습니다.

요컨대 세계시민 교육의 주축인 '평화 교육', '인권 교육', '환경 교육'은 모두 하나라는 것입니다.

호흐라이트네르 회장님은 구조적 폭력을 극복하는 삶의 방식을 어떻게 가르쳐야 한다고 생각하십니까?

이케다 저는 교육의 기반에 '인간 생명의 존엄'을 둬야 한다고 생각합니다.

'인간 생명의 존엄'에 대해 구체적으로 말하자면, '생명의 가치'에는 '인격'의 측면과 '인류'의 개념도 포함됩니다. '인류'가 존엄하기에 그 인류를 지탱하는 대자연에도 경외하는 마음을 지녀야 합니다. 동시에 '인격'이 존엄하기에 한 사람 한 사람의 존재를 서로 인정하고 존중해야 합니다.

'인간 생명의 존엄'이라는 근본적이고 기본적인 가치관이야말로 전 세계 사람들이 동등하게 공통적으로 배워야 할 점입니다. 그 속에서 다양한 가치관이 풍부하게 꽃피고 공존하지 않을까요?

지금까지 인류, 특히 선진국에서는 경제적, 기술적 가치를 최우선으로 하는 경향이 있었습니다. 그러나 지금 필요한 것은 '인간 생명의 존엄'이라는 근본적인 가치를 공유하는 일입니다. 그리고 이를 바탕으로 경제적, 기술적 가치나 많은 문화적, 사회적 가치가 공존하도록 함께 대화를 통해 조정하는 작업이 중요하다고 생각합니다.

함께 바라보는 동과 서
인간혁명과 지구혁명

제11장
종교와 정신의 르네상스

지구문명을 지탱하는
새로운 정신적 기축

이케다 지금까지 인류가 안고 있는 여러 문제의 현상과 해결책을 논의했습니다.
그 결론으로 이번 장에서는 지구의 미래에 대한 전망과 정신문화가 수행해야 할 역할을 주제로 이야기하고자 합니다.

호흐라이트네르 이 주제를 논하기에 앞서, 제가 가톨릭 집안에서 자랐다는 사실을 먼저 말씀드리고자 합니다. 모범적인 가톨릭 신자와는 거리가 멀지만, 늘 저 자신의 신앙과 신념에 따라 살고 행동하려고 노력했습니다. 어떠한 상황에서도 다른 사람들의 신앙이나 문화에 관용을 베풀 뿐만 아니라, 각각의 배경이나 가치관에 따라 정직하고 충실하게 행동하는 사람들을 깊이 존경하는 마음으로 대하는 것이 가장 중요하다고 생각했습니다. 또 모든 사람에게서 배워 자신의 정신과 지성을 풍부하게 만들면서 사람들의 행복, 생활의 안녕과 향상에 공헌하기 위해 저 자신을 모두 바치려고 노력했습니다.

이번 주제에선 진심으로 존경하는 이케다 회장님께 불교의 관점에서 다양한 이야기를 듣고 싶습니다. 저는 경청하며 배우는 자세로 임하고 싶습니다.

이케다 위대한 분은 겸손합니다. 또 박사님은 신념과 행동이 있는 분이고, 철학이 있는 분입니다.

우리가 대화에서 일관되게 던진 질문의 핵심은 '인간' 그 자체였습니다. 또 '인간'을 연마하기 위한 '교육' 본연의 모습이고, 그러한 '교육'을 지탱하고 방향을 정하는 '문화' 본연의 모습이었습니다.

'문화'와 '교양'은 영어의 '컬처'라는 말에 해당합니다.

아시는 바와 같이 컬처의 어원은 라틴어로 '경작'을 뜻합니다.

각각의 인간이 지성, 감정, 의지라는 밭을 일궈 교양을 쌓고, 이를 바탕으로 사회라는 더 큰 터전을 가꾸어 문화를 발전시키려는 지향성을 엿볼 수 있습니다.

문화라는 말에는 내면적, 정신적, 영적(삶의 보람 등 실존적인 것)인 가치를 탐구하고 실현하려는 기대가 담겨 있다고 생각합니다.

호흐라이트네르 그 말씀에 동의합니다. 인간이 만들어낸 여러 문화의 겉으로 보이는 부분을 걷어내고, 그 본질을 깊숙이 들여다보면 공통적인 가치가 드러납니다.

이케다 '문명'은 영어의 '시빌리제이션'을 번역한 말로, '도시화'라는 뜻이 담겨 있습니다. 도시를 이루고 기능하게 만드는 구조이자, 그것을 지탱하는 힘이 문명이라고 할 수 있습니다. 문명을 논할 때는 외재적이고 물질적인 측면에 주로 중점을 둡니다.

지금까지 인류는 각 지역에서 다양한 문명을 이룩하고 그 성과를 누렸습니다. 그런 반면, 번영이라는 과실 속에 숨어 있는 독에도 시달렸습니다.

인류 역사상 발생한 여러 문명의 흥망성쇠에 관해서는 저와 대담집을 발간한 토인비 박사를 비롯해 많은 역사학자가 다양한 학설을 제시했습니다.

인간의 내면을 다루는 '문화'와 현실 사회를 지탱하고

사회 환경을 발전시키는 '문명'은 서로 깊이 연관되고 영향을 주고받습니다.

호흐라이트네르 그중에서도 중요한 것은 문화입니다. 왜냐하면 문화가 문명을 형성하기 때문입니다.

이케다 과거의 문명은 상호 교류는 이뤄졌지만, 각 지역이 독립적으로 영위됐습니다. 이에 비해 현대 문명은 '세계화'라고 불리는 것처럼 지구 전체, 인류 전체를 하나로 연결한다고 말할 수 있습니다. 이러한 경향은 근래 들어 교통과 정보 통신망의 급격한 발달로 한층 더 강화됐습니다.

현대 '세계화'의 특징은 서구의 근대 과학기술 문명이 압도적인 영향을 미치고 있다는 점입니다. 이는 국제기업의 상품이 지구 전역에 퍼지고 생산 거점이 형성되는 현실을 보면 쉽게 알 수 있습니다.

길고 풍부한 역사를 자랑하는 중국 문명, 힌두 문명, 이슬람 문명 등도 물질적, 경제적 측면에서는 서구 근대 문명의 흐름에 잠식당한 것처럼 보입니다.

서구의 근대 문명은 다른 문명의 중심인 '정신문화'의 영역까지 침투했습니다. 사람들의 생활 방식은 물론 가치관과 자연관까지 변화시키고 있습니다.

그러한 상황에서 각지의 독자적인 전통과 문화를 지탱하는 사회환경이 파괴되고 있다는 위기감이 고조되고 있습니다. 한 가지 예로, 문화를 지탱하고 후세에 전하는 '언어'의 경우 멸종 위기에 놓여 있는 언어가 수백 개에 이른다고 합니다.

호흐라이트네르 오늘날에는 '강요되는 문명' 현상이 두드러집니다. 정확히 말하자면 '미국화'라는 면이 강합니다. 그것은 매스컴의 영향으로 만들어진 '지배하는 쪽의 문명'으로, 마치 당연히 존재해야 할 '생활의 모델'처럼 받아들여지고 있습니다.

이케다 이러한 상황을 직접 겪으며 각지에서는 전통과 문화의 재검토, 부흥을 요구하는 목소리가 높아지고 있습니다. 서구 이외의 지역은 물론, 서구에서도 각국과 지역의 독자적인 문화를 존중하고 보호하려는 분위기가 한층 더 고조되고 있습니다.

호흐라이트네르 다른 문화를 '문명'으로 받아들여 평가하고 배우려는 자세가 중요합니다. 일부 문화를 부정적이고 미개하다고 여기며 차별하려는 태도를 꿰뚫어봐야 합니다. 그들은 문화를 제대로 이해하지 못한 채 다른 문화를 자신들의 지배 아래 두려고 합니다.

이케다 말씀하신 그대로입니다. 서로 존중하고 배우려는 자세가 진정한 '문명인'에게 걸맞은 모습입니다.
일부에서는 전통과 문화를 존중하고 보호하려는 열정이 과다해 세계화에 대한 감정적인 반발과 파괴적인 행동이 일어나는 것이 현실입니다. 배타적인 원리주의 운동이 일어나는 현실을 우려하는 사람도 적지 않습니다.

호흐라이트네르 현재 로마클럽이 최우선 과제로 생각하는 일은 가치관(가치 체계)의 위기, 특히 '윤리 상대주의'[60] 문제입니다. 우리는 더 이상 말과 행동이 일치하지 않는 선인(善人)이나 박애주의자, 정의의 사도, 몽상가가

진정한 세계화는 상호 존중에서 시작한다. ⓒ연합뉴스

돼서는 안 됩니다. 말은 행동과 노력, 그리고 타인에 대한 공헌으로 이어져야 합니다. 먼저 자신을 제대로 성찰하고 규율하는 데서 모든 것이 시작하고 확대된다고 생각합니다.

이케다 독선적인 주장과 행동은 새로운 대립을 야기합니다. 그야말로 포용력 있는 보편적 가치관이 중요합니다.

세계화가 단순한 획일주의에 빠진다면 인류는 오랜 기간 이룩한 풍부한 문화의 다양성을 잃게 될 것입니다.

호흐라이트네르 동질화와 균질화는 효율을 최우선으로 하는 입장에서는 효과적일 수 있지만, 위기관리적인 측면에서는 심각한 결점이 있다고 생각합니다.

이케다 현대문명이 안고 있는 또 하나의 커다란 위기는 인간이 시대의 물결에 휩쓸려 어디로 나아가야 할지 잘 보이지 않는다는 점입니다.

저는 지구 문명을 지탱하는 정신적 기축으로서 사람들을 만족시키는 영적인 가치가 그 어느 때보다 필요하다고 생각합니다.

경제적 문제를 추구하는 경우에도 단순히 '물질적 빈곤'뿐만 아니라 '영적 빈곤'을 해결하는 일이 중요하다고 지적되고 있습니다. WHO[61](세계보건기구)도 육체적 건강, 정신적 건강과 함께 영적 건강도 유지하고 발전시켜야 한다고 호소했습니다.

지금 무엇보다 '내적 코스모스(우주, 질서)'의 확립이 매우 중요한 과제가 됐습니다.

호흐라이트네르 내적 평화 없이 어떻게 세계평화가 실현될 수 있을까요? 한 사람 한 사람의 내면에 있는 코스모스, 즉 생명은 저마다 하나의 세계처럼 난해합니다. 지금 그 내적 코스모스는 종교와 정신의 르네상스(재생)를 갈망하고 있습니다.

이케다 정신을 근원적으로 충족시키는 역할은 예로부터 종교가 맡아왔다고 할 수 있습니다.
오늘날 다시 그 역할이 요구된다는 것은 기존의 종교가 제공한 것으로는 더 이상 사람들의 욕구에 충분히 부응할 수 없다는 뜻이기도 합니다.
반면 사람들의 마음은 갈증을 느끼고 있고, 종교에 거는 기대는 커지고 있습니다.
그렇기에 박사님의 말씀처럼 현대인의 요구를 충족시키는 가치로 '종교와 정신의 르네상스'가 필요합니다.
앞으로 인류가 지녀야 할 '정신문화'는 과거의 유산을 단순히 재구성한 것이어서는 안 됩니다. 그런 의미에서 인류는 지금 정신적으로 도약할 단계에 이르렀다고 생각합니다.

호흐라이트네르 내적 코스모스는 인간 내면에서 가장 인간적인 것, 즉 사상과 가치관을 드러내고자 하는 강한 열망을 지니고 있습니다.

제2의 축의 시대

이케다 정신문화의 부흥이라는 문제의식을 강하게 품은 사람은 바로 독일의 실존주의 철학자 야스퍼스[62]입니다. 잘 아시는 바와 같이 야스퍼스는 기원전 8세기부터 기원전 2세기 사이에 중국에서는 노자, 공자[63], 묵자, 장자, 열자, 인도에서는 석존이나 육사외도[64](六師外道), 팔레스타인에서는 엘리야에서 제2이사야에 이르는 예언자들, 그리스에서는 소크라테스[65]와 플라톤 등의 철학자들이 출현해 오늘날에 이르는 인류 정신문화의 골격이 구축됐다는 사실을 지적하며, 이 시대를 '축의 시대'[66]라고 불렀습니다.

여기서 제가 주목하는 점은 야스퍼스가 현대의 과학기술 시대에 앞서 이미 '제2의 축의 시대'를 예측했다는 사실입니다.

호흐라이트네르 매우 중요한 관점입니다. 논의할 가치가 있는 내용입니다.

이케다 야스퍼스는 1949년에 이렇게 말했습니다.

"인류의 역사는 비유하자면 두 번의 호흡을 한 것과 같다. 첫 번째 호흡은 프로메테우스 시대에 시작해 고대 문명의 발전을 거쳐 축의 시대와 그 이후로 이어진다. 두 번째 호흡은 과학과 기술이 주도하는 새로운 프로메테우스[67] 시대에 시작했다. 이 시대는 고대 문명이 이룬 조직화와 계획화에 견줄 만한 거대한 변화를 이끌어가고 있다. 여전히 우리에게 까마득하고 뚜렷이 보이지는 않지만, 인류는 결국 참된 인간이 탄생하는 새로운 '제2의 축의 시대'를 향해 나아가고 있다."(『역사의 기원과 목표』) 또한 그는 "'첫 번째 호흡'은 지구 여러 지역에서 동시에 일어났지만, '두 번째 호흡'은 인류 전체에 걸쳐 이뤄진 호흡이다."(『역사의 기원과 목표』)라고 말했습니다. 참으로 위대한 지성의 투철한 시대 인식이라 할 수 있습니다. 야스퍼스가 전망한 '제2의 축의 시대'는 반세기가 지난 오늘날 더욱더 절실히 요구되고 있습니다.

'새로운 프로메테우스'가 인간에게 가져다준 원자력을 비롯한 과학기술은 핵전쟁처럼 인류를 한순간에 파멸시킬 위험뿐만 아니라, 지구 환경 파괴로 인한 서서히 진행되는 멸망도 초래할 수 있습니다

호흐라이트네르 아리스토텔레스의 철학에서는 "멜랑콜리(정신적, 문화적 재생이 형성되는 '무상성(無常性)'의 정신 상태, 또는 극단적인 감정)"의 맹아(萌芽)를 볼 수 있습니다. 그런 의미에서 원래 임상정신과 의사인 야스퍼스가 멜랑콜리를 거론한 것을 이해할 수 있습니다.

인류가 '제2의 축의 시대'를 경험하고 세계연합을 달성할 수 있을지 그 가능성을 말하자면, 제2차 세계대전 후

나치즘[68]의 공포를 겪은 야스퍼스가 내다봤듯이, 인류의 오랜 역사 속에서 충분히 생각해볼 수 있는 일이며, 서로 모순되는 일도 아닙니다. 그러나 이는 인류가 기술 오용과 환경 자원 남용이라는, 점점 악화하는 심각한 문제를 안고 있으면서도 앞으로 천 년을 더 살아남을 것이라는 전제하에서만 가능한 일입니다.

이러한 인류의 위기는 오늘날 종교적 신념에 기초한 정신적 가치는 말할 나위도 없고, 인간의 권리와 의무, 나아가 일반적으로 널리 받아들여지는 윤리적 가치에 반하는 매우 심각한 행동이 만연하다는 데서 기인합니다.

'생명의 존엄'은 만인이 인정하는 보편적 가치

이케다 인류가 앞으로 지속가능한 번영을 확보하려면 어떠한 정신적, 철학적 기반이 필요한가를 주제로 대화를 진행하겠습니다.

저는 먼저 모든 사람이 인정하는 보편적인 가치로 '생명의 존엄'을 꼽고 싶습니다.

생명의 불가침성은 여러 종교에서 기본적인 윤리 규범 중 가장 중요한 점으로 여깁니다. 불교의 오계[69](五戒)에서는 '불살생(不殺生)'을 첫째로 꼽습니다. 모세의 십계명[70]에도 '살인하지 말라'가 거론돼 있습니다.

이러한 생명의 불가침성은 당연하게도 신체의 죽음을 초래하는 살해를 금하고 동시에 정신, 나아가서는 실존과 영적인 차원의 죽음을 초래하는 다양한 폭력, 구조적 폭력까지 분명히 바라보고 있는데, 이는 여러 종교의 경전을 펼쳐보면 명확히 알 수 있습니다.

생명에서 무한한 가능성을 찾아내, 그 가능성이 꽃피고 성장하는 것을 방해하는 일은 막아야 한다고 본 것입니다.

호흐라이트네르 로마클럽은 인간주의와 더불어 자연과의 조화를 표방합니다. 이는 인간이 지구라는 거주 환경 덕분에 생존할 수 있기 때문입니다.

제가 누구를 판단할 처지가 아니기에, 저는 모든 사람, 다시 말해 그 사람을 둘러싼 환경, 사상, 신앙의 유무와 상관없이 전 인류가 지구상에서 가장 신성한 존재라고 생각합니다. 따라서 저는, 인간 개인으로서나 공동체의 일원으로서 인간존엄과 생명존엄을 인식하는 것이, 세계적으로 퍼져 나가는 문화적 유산 위에 우뚝 선 인류가 지닌 참된 지혜의 발로(發露)라고 생각합니다.

이케다 세계종교를 비롯한 인류의 참된 지혜는 모든 사람이 따라야 할 보편적 기축으로, 단순히 자신의 만족과 번영을 추구하는 것이 아니라 공존공영을 목표로 전체의 향상을 도모하도록 촉구한다고 할 수 있지 않을까요.

호흐라이트네르 그러한 인류의 참된 지혜를 공경하고 거기서 배우려는 자세의 중요성을 몸소 보여주신 이케다 회장님의 행동은 진심으로 높이 평가할 일이라고 생각합니다.
회장님의 지칠 줄 모르는 부단한 노력은 중요한 문제의 답을 제공하고 사람들에게 희망을 줍니다. 그리고 많은 사람에게 회장님의 사상과 행동의 기반인 불교를 더욱 배우고 싶게 만드는 욕구를 불러일으킵니다. 그것은 동시에 저 자신의 욕구이기도 합니다. 왜냐하면 저는 평생 충실하게 제 신앙을 지키면서도 다른 모든 정신적, 실존적 가치에 최대의 경의를 표하면서 회장님의 참된 지혜를 통해 제 자신을 더욱 풍요롭게 하고 싶기 때문입니다.

이케다 과분한 말씀에 몸 둘 바를 모르겠습니다. 또한 진지한 탐구심에 깊이 감탄했습니다.

불전(佛典)에서는 다양성이 있는 발전을 지향하는 '앵매도리(櫻梅桃李)의 비유'를 설합니다.

벚꽃도, 매화도, 복숭아꽃도, 자두꽃도 저마다 독자적인 아름다움과 훌륭함을 갖추고 있습니다. 이를 비유로 들어 "모든 것은 본디 갖추고 있는 독자적인 가치를 충분히 발현하는 것을 목적으로 한다."는 '자체현조[71](自體顯照)'의 법리(法理)를 제시합니다.

호흐라이트네르 인간의 생명이라는 '내적 코스모스'는 사랑의 발로로 자신뿐만 아니라 다른 사람에게도 도움을 주고 싶을 때 비로소 온건해집니다. 왜냐하면 자기만을 위해서라면 타락이나 왜곡이 생기기 때문입니다. 무지함과 이기주의가 아니라 예지(叡智)와 연대가 우리의 행동 규범이 돼야 합니다.

이케다 말씀하신 그대로입니다. 대승불교[72]에서는 이타적 행위로 비로소 내면에 있는 모든 가치가 발현된다고 가르칩니다.

여기서 잠시 불교에서 가르치는 생명의 존엄과 우주를 꿰뚫는 근본법에 대해 간결하게 설명하면, 먼저 여러 불전에서는 생명의 풍부한 가치는 우주에서 무엇보다도 존귀하다고 말합니다.

또 우리가 신봉하는 니치렌(日蓮) 대성인께서는 '자체현조'를 뒷받침하는 '근본법'을 깨달아 모든 사람의 생명에 갖춰진 무량무변한 가치를 지키고, 높이고, 키우는 주사친(主師親)의 '삼덕(三德)'[73]을 갖춘 사람이야말로 사람들이 존숭해야 할 이상적인 인격, 즉 부처라고 가르칩니다.

마키구치 선생님은 모든 가치의 원천으로서의 '대선(大善)'을 우주와 생명을 꿰뚫는 근본법을 따르는 데서 찾았습니다.

그리고 제 은사인 도다 선생님은 역동적으로 생명을 키우고 아끼는 우주는 조화롭고 창조적인 진화를 지향한다며 우주의 삼라만상(森羅萬象) 영위를 '자비의 행업(行業)'이라고 불렀습니다.

요컨대 자타의 생명을 존중하고 아끼는 행동이 우주의 근본법에 따른 삶의 방식이라는 깊은 통찰입니다.

호흐라이트네르 두 분의 통찰에 매우 감명 받았습니다. 저는 특히 회장님의 은사인 도다 회장이 말씀하신 우주의 삼라만상 영위를 '자비의 행업'이라고 포착한 견해에 깊이 감명했습니다. 일신교의 종교에서 그 자비는 '신의 자비'일 것입니다. 어느 쪽이든 자비 또는 사랑으로 계발된 행동이 아니라면 우리는 그것을 전폭적으로 신뢰할 수 없습니다.

이케다 샤르댕이나 타고르, 아인슈타인, 프랭클 등 세계 각 분야의 일류 지성도 '우주 발전의 근원력'의 존재를 시사했습니다.

저와 대담한 '미국의 양심'으로 존경받는 커즌스 박사는 이렇게 말했습니다.

"우주 속의 인간이라는 사고방식은 상상력을 폭발시키고 경이로운 감각을 뒤흔들며, 인간이 지닌 잠재력이라는 광대한 영역의 문을 열어젖혀 인간의 지성과 무한히 대면하는 미래를 나타낸다."(『어느 편집자의 오디세이』)

다시 말해 커즌스 박사는 "우리 인간이 광대하고 심원한 우주에서 태어났다는 사실을 알면 영원하고 무한한 우주에 깊은 경외심을 느끼고, 동시에 거기에서 태어난 인간 또한 무한한 가능성을 내포한다는 사실을 알게 돼 장대한 미래가 열릴 것이다."라고 강조했습니다.

또 제가 만난 미국의 저명한 천문학자 칼 세이건[74] 박사는 인간이 지닌 우주적 사명에 대해 이렇게 말했습니다.

"그 생존의 의무는 우리를 위한 것만은 아니다. 우리들은 우주에 대해서도 의무를 지고 있는 것이다. 시간적으로 영원하고 공간적으로 무한한 그 우주에서 우리가 생겨났으므로."(『코스모스』)

세이건 박사는 우리 한 사람 한 사람의 생존이 단지 자신만을 위한 것이 아니라, 우주 전체를 위한 사명임을 강조하며 그 의미를 이렇게 설명했습니다.

"현재 우리가 고통 받는 생태학적 위기는 단기적인 이익에 눈이 멀어 장기적인 전망을 잊기 때문에 발생하는 것이다.

우주 문명과 그들과의 교류에 필요한 시간 감각은, 인류 문명이 존속하기 위해 절대적으로 필요한 장기적 역사 감각을 우리 안에 길러줍니다."(『코스믹 커넥션: 우주에서 본 우리』)

호흐라이트네르 우리 인류는 우주의 진화 속에서 어떠한 위치에 있으며, 어떠한 사명 또는 책임을 맡고 있는가. 이 질문은 매우 중요한 문제입니다. 우리가 맡은 책임은 먼저 청년, 그리고 미래 세대에 대한 책임이라고 생각합니다. 또한 그 책임은 우리가 살고 있는 지구, 특히 거기에 존재하는 모든 종의 생명을 평등하게 소중히 한다는 것을 의미합니다.

이케다 말씀하신 그대로입니다. 우리 인류는 중대한 '우주적 사명'을 자각하고 그 책임을 다할 의무가 있습니다.

그렇기 때문에 인종, 민족, 국가, 문화, 문명, 젠더[75] 등의 모든 차이를 뛰어넘어 같은 인간이라는 차원에서 빛나는 우주의 미래를 창조하기 위해 영지를 결집해야만 합니다.

함께 바라보는 동과 서
인간혁명과 지구혁명

제12장
영원한 탐구자로서의
인류의 위치와 사명

한 사람의 변혁이 인류의 운명을 바꾼다

이케다 지금 인류는 새로운 '지구문명'의 창조에 성공할 수 있을지 그 분기점에 접어들었습니다.

마지막 장에서는 현재 진행되는 세계화를 인류의 미래를 지탱하는 '지구문명'의 창출로 발전시키기 위해 무엇이 필요한지, 또 '지구문명'의 정신적 기축이 될 문화는 어떤 요건을 충족해야 할지 그 실마리를 찾고자 합니다.

호흐라이트네르 앞서 말씀드린 것처럼 각각의 문화가 지닌 본질을 탐구하면 공통적인 가치가 나타납니다. 그것이 바로 '지구문명'을 창출하기 위한 첫걸음이자 문화기반의 진수라고 생각합니다.

악을 선으로 전환하고 인간의 뛰어난 자질을 영속시키기 위해서는 문화의 진수를 깊이 통찰하고 널리 알려야 합니다.

인류의 역사에는 여러 문명의 흥망성쇠와 우여곡절이 있었습니다. 그렇지만 인류 문명 전체로 봤을 때는 발전하고 있다고 생각합니다. 왜냐하면 다양한 현상에 대한 비판은 있어도, 인류가 인권의 보편적 선언('세계인권선언')을 했다는 사실은 인류의 향상심이나 극기(克己) 정신, 그리고 '인간에게 위대한 가치가 있다'는 정신이 존재한다는 증거이기 때문입니다.

다만 안타깝게도 선언이 현실에 적용되지 않고, 그 숭고한 이념을 모독하는 경향이 있습니다.

나아가 '세계인권선언'을 진실로 완벽하게 만들려면 인간으로서의 주요한 책무도 포함시켜야 합니다.

이케다 인류가 인간 안에서 무한한 가치를 발견하고, 그 가치를 보편적인 진실로 선언한 점은 분명 중요한 일입니다.

그 가치를 지키기 위해서는 이념을 현실로 만드는 불굴의 행동이 필수적입니다. 먼저 개개인이 자신을 돌아보고 가까운 곳에서부터 행동을 시작해야 합니다. 그리고 사람들과 연대해 문제를 해결해야 합니다. 인간 한 사람의 변혁이야말로 인류 전체의 운명을 전환하는 열쇠입니다. 이 점은 제가 평생 지켜온 신념입니다.

호흐라이트네르 회장님의 말씀에 전적으로 공감합니다. 인류는 단순한 비판이 아니라, 스스로의 행동을 돌아봐야 합니다. 먼저 개인의 영역, 그다음에는 집단적, 나아가 일반적이라는 형태로 넓히면서 실행해야 합니다.

"세계는 좋지 않은 방향으로 나아가고 있다. 나라도, 사회도, 문화도 엉망이다", "정치가나 정부가 문제다. 왜 개선하지 않느냐."고 비판만 해서는 안 됩니다.

그 대신 '일상생활에서 무엇을 할 수 있을까?' '어떤 것을 개선할 수 있을까?' '폐건전지나 폐지를 어떻게 처리할까? 물 낭비를 어떻게 줄일까? 가까운 것부터 내가 할 수 있는 일은 무엇인가?'라고 한 사람 한 사람이 스스로 질문을 던지는 자세가 중요합니다.

개인의 차원에서 야기되는 문제를 먼저 알아야 더 깊은 이해와 더 큰 자애, 더 세심한 배려로 다른 사람의 행동을 인식할 수 있습니다. 그리고 그 사람들에게 요구하고 비평할 수 있는 진실한 도덕적 영향력을 가질 수 있습니다.

이케다 자신의 존엄에 눈을 뜬 사람은 타인의 존엄도 깨닫고, 사회를 발전시키기 위해 행동하는 법입니다.

개개인의 다양성을 존중하는 것은 매우 중요합니다. 그 점을 충분히 이해한 뒤에 다양성을 뒷받침하는 보편적 기반에도 주목해야 합니다.

니치렌 대성인께서는 "나라를 잃고[76] 집이 멸망한다면 어느 곳에서 둔세(遁世)하리요. 그대 모름지기 일신(一身)의 안도(安堵)를 생각한다면 우선 사표(四表)의 정밀(靜謐)을 기도해야 하느니라."(어서 31쪽)라며, 자신의 행복을 위해서라도 각자 사회 전체의 평화와 번영에 대한 책임을 자각하고 행동할 것을 촉구했습니다.

형형색색의 꽃들도 하나의 풍요로운 대지에서 활짝 피어납니다. 그 대지를 깊이 일궈야만 만발한 꽃밭을 만들 수 있습니다.

호흐라이트네르 바로 앞 장에서 '앵매도리(櫻梅桃李)의 비유'를 인용하며 하신 말씀대로군요.

이케다 앞서 박사님도 지적하셨듯이 사회에서도 그저 다양성을 강조하는 것만으로는 윤리상대주의에 빠질 수 있습니다. 사회 전체의 행복을 위해 다양한 가치를 살리면서 인간의 존엄을 빛내는 확실한 법리(法理)가 필요하지 않을까요.

『법화경』에서는 '허공회(虛空會)'라는 의식[77]을 통해 생명존엄과 인간존엄의 세계관을 제시하고 있습니다.

'허공회'는 말하자면, 각자에게 갖춰진 존엄한 부처의 생명을 중심으로 하는 생명 깊은 곳의 세계를 나타낸 것입니다.

호흐라이트네르 불법(佛法)은 어디까지나 인간의 내면세계에 빛을 비추고 있군요.

이케다 그렇습니다. 『법화경』에서는 생명존엄의 묘법(妙法)이 설해지는 곳에는 그 위대함을 증명하기 위해 갖가지 보석으로 장식된 장대한 탑이 언제나, 어디에서나 대지에서 출현해 허공에 뜬다고 가르칩니다. 이 '보탑'[78]은 우주의 중심, 세계의 중심을 상징합니다.

그리고 중요한 것은 니치렌 대성인이 "한 사람 한 사람의 생명이야말로 보배의 집합"이라며, 대우주의 보석을 모은 듯한 찬란한 '보탑'은 묘법을 믿고 실천하는 한 사람 한 사람 자신이라고 말한 점입니다.

모든 사람의 생명에는 '본디 영원한 법과 공명하는 절대적인 존엄성이 동등하게 갖춰져 있고 모든 사람이 그 존엄성을 나타낼 수 있다.' '나아가 모든 사람이 타인의 존엄성에 눈을 떠야 한다.'라는 생명의 진실을 상징적으로 나타낸 것이 『법화경』의 '허공회' 의식입니다.

호흐라이트네르 처음 들어본 내용이 많아 조금 더 불법의 생명관에 대해 말씀해주셨으면 합니다.

이케다 방금 이야기한 것처럼 『법화경』에서는 허공에 떠 있는 '보탑'이 출현해 그 안에 석존이 들어갑니다. 그리고 '보탑' 안에서 모든 중생을 향해 설법이 시작됩니다. 그 모습을 '허공회' 의식이라고 표현합니다. 이 의식에는 악인의 대표로 제바달다, 여인성불[79]을 상징하는 용녀, 대왕을 대표하는 아사세, 성문(聲聞)·연각[80](緣覺)을 나타내는 사리불과 아난, 그리고 목련 등이 참여합니다.

또 대우주의 모든 곳에서 시방의 제불(諸佛)과 보살들도 많은 권속(眷屬)과 함께 달려옵니다. 그리고 상행(上行) 등의 사보살[81](四菩薩)도 출현합니다.

따라서 '보탑'을 중심으로 다양한 생명이 모여드는 '허공회' 의식은 모든 중생의 '존엄성'과 그것을 바탕으로 한 '자유성', '평등성', '연대성'을 나타내는 세계관이라고 할 수 있습니다.

이 세계관은 지금 어떠한 경애의 사람이라도 생명 안의 깊은 곳에서 존엄성을 드러내 '자유'와 '평등', 그리고 인류의 연대를 지향하는 정의로운 삶의 방식, 진실한 삶의 방식으로 살아갈 수 있다는 사실을 나타낸다고 말할 수 있습니다.

'인간의 존엄'을 현재화하기 위한 노력

호흐라이트네르 모든 사람의 존엄을 인정한다는 점은 잘 알았습니다. 그와 관련해 한 가지 여쭤 봐도 될까요?

이케다 회장님은 지금까지 마음속으로 분노를 느낀 적이 있습니까? 예를 들어 정치가나 군비확장주의자뿐만 아니라 부당하게 비난하는 사람들에 대해서 말입니다. 이처럼 부당한 비난과 모함은 날마다 전 세계에서 일어나는 일입니다. 그뿐 아니라 비교적 민주적인 국가에서 인간의 존엄을 공격하는 행위가 이뤄지고 있습니다.

이케다 저도 의도적인 비난과 모함을 받은 적이 있습니다. 억울하게 투옥된 적도 있습니다. 그러나 박해는 올바른 길을 가고 있다는 증거입니다. 오히려 불법자(佛法者)로서 명예로운 일이라고도 생각합니다.

말씀하신 것처럼 '인간의 존엄'을 위협하는 악은 아직도 횡행하고 있습니다. 그러한 사악(邪惡)에 대한 분노는 당연히 필요합니다.

니치렌 대성인의 어서(御書)에는 "진에(瞋恚)는 선악(善惡)에 통하는 것이니라."(584쪽)고 적혀 있습니다. 요컨대 분노는 자신의 어리석음이 원인이라면 자기 몸을 불태울 뿐이며 자폐적이고 파멸적인 것이지만, 인간의 존엄을 모독하고 사람들을 부당하게 괴롭히는 악에 대한 분노라면 선을 통해 자타의 행복을 구축하는 힘이 됩니다. 자신과 타인이 함께 행복을 위한 탐구를 근본으로 삼는다면 기쁨도 슬픔도, 고뇌도 분노도, 모든 것이 가치 있게 빛나지 않을까요.

우리는 어떠한 상황에서도 생명 속 깊은 곳의 존엄성을 현재화(顯在化)해 삶의 가치를 창조하고 삶의 의미를 창출할 수 있습니다. 누구에게나 더없이 소중하고 존귀한 가치와 사명이 있기 때문입니다.

호흐라이트네르 '인간의 존엄'을 현재화하려면 우리 자신이 그것을 달성하기 위한 노력이 있어야만 비로소 가능합니다. 또 태어나기 전인 '인간'(태아)의 존엄도 인정해야 합니다.

'나란 나와 그 환경'이라는 사실을 우리는 직시해야 합니다.

이케다 결론부터 말씀드리면, 불법은 단순히 성선설도 성악설[82]도 아닙니다. 생명은 선과 악을 함께 갖춘 존재입니다. 인간은 무도한 극악도 될 수 있고, 극선을 체현

불법(佛法)에서는 존엄한 생명을 부처라 칭하며, 사람은 물론 풀과 나무에 이르기까지 모든 생명체를 평등하게 부처로 본다.
사진제공: 세이쿄신문사, 촬영: 이케다 다이사쿠

할 수도 있습니다. 그렇기 때문에 내면의 악을 물리치고 선을 계발해 나타내는 부단한 정신 투쟁이 불가결합니다.

그리고 내면의 투쟁은 외부 세계인 현실의 투쟁과 불가분의 관계에 있습니다.

마하트마 간디의 자서전에 붙은 부제는 '나의 진리실험 이야기'입니다. 간디는 내면의 양심에 따라 행동하고 인간의 존엄을 짓밟는 악과 싸웠습니다.

인간 한 사람이 이룩한 내면의 승리가 사회에서 선의 승리를 낳습니다. 이 준엄한 진리를 증명하는 일이 바로 우리의 역할입니다.

호흐라이트네르 지난 세기, 인류는 세계 각지에서 너무나도 많은 악행을 저질렀습니다. 지금 우리는 깊은 차원의 정신 부흥이 필요합니다.

그 징후는 곳곳에서 볼 수 있습니다. 자연환경조차 부당한 인간의 행동에 반항하는 것처럼 보입니다. 예를 들어 2004년 12월에 아시아 지역에서 일어난 거대한 지진해일은 인간이 생활에서 무엇을 가장 중요하게 여겨야 하는지를 일깨우는 인류의 집단적 양심에 대한 호소라고도 할 수 있지 않을까요.

이케다 우리도 인도양 지진해일의 막대한 피해에 정말 마음이 아팠습니다. 불법자로서 모든 희생자의 명복을 간절히 추선하면서 주변의 각국 SGI도 민간 차원에서 구호 활동에 전력을 다했습니다.

여하튼 마키구치 쓰네사부로(牧口常三郎) 창가학회 초대 회장님은 정치적 경쟁이나 경제적 경쟁을 뛰어넘어 인류가 '인도주의적 경쟁'으로 나아가기를 바랐습니다.

이에 따라 저희는 '평화·문화·교육'을 축으로 삼아 행동했습니다. 현재(대담 당시) 세계 190개국에서 인간의 존엄성에 눈을 뜬 민중이 SGI의 멤버로서 평화와 인도주의의 인류 사회를 건설하기 위해 힘쓰고 있습니다.

시대의 주역은 민중입니다. 앞으로 개인이나 NGO, NPO(비영리 민간단체) 등 민간단체의 역할이 더욱 커질 것입니다.

'평화의 세기', '인도주의 세기'를 구축하기 위해 지금이야말로 '인도주의적 경쟁'을 전 세계에 전개할 때입니다.

호흐라이트네르 회장님께서 말씀하신 생각을 확실하게 마음에 새기겠습니다. 그런 세기를 만들기 위한 한 걸음을 함께 내딛읍시다. 서로 경쟁합시다. 평화로운 세계, 지속가능한 인도주의적, 사회적 성장을 가능하게 하는 세계, 인간과 환경, 그리고 자연이 서로 도우며 함께 완전하게 번영할 수 있는 평화로운 세계를 향해!

주석

제1장 페체이 박사와의 만남

01 하산(1947~) | 하산 빈 알 타랄(Hassan bin al Talal). 요르단왕국 왕자. 유럽과학예술아카데미 최고 고문. 유엔 등 국제무대에서 특히 평화, 인권, 교육 분야에서 리더십을 발휘하고 있다.

02 페체이(1908~1984) | 아우렐리오 페체이(Aurelio Peccei). 이탈리아 토리노 출생. 토리노대학교 졸업. 경제학 박사. 로마클럽 초대 회장. 제2차 세계대전 때는 레지스탕스의 투사로 활약했다. 제2차 세계대전이 끝나고 피아트사를 재건했으며, 올리베티사 경영에 참여했다. 1970년에 '로마클럽'을 설립했다. 저서로 『인류의 사명』 등이 있다. 이케다 SGI 회장과 대담집 『21세기에의 경종』을 발간했다.

03 위고(1802~1885) | 빅토르마리 위고(Victor-Marie Hugo). 프랑스 시인, 소설가, 극작가. 국민적인 문학가. 그의 인도주의와 진보주의가 전 세계 작가에게 큰 영향을 주었다. 1845년 정계에 진출했지만, 1851년 나폴레옹 3세가 일으킨 쿠데타를 비판해 국외로 추방을 당하고, 19년간 망명했다. 1862년 발표한 소설 『레미제라블』로 세계적인 명성을 얻었다. 『레미제라블』은 지금도 전 세계에서 영화와 무대 등을 통해 공연되고 있다. 대표작으로 『징벌시집』, 『93년』 등이 있다.

04 로마클럽 | 전 세계 지식인들을 중심으로 구성된 민간조직. 환경·인구증가·식량·에너지 문제 등 전 지구적 과제에 따른 인류의 위기를 피하기 위한 방안을 모색하는 것을 목적으로 한다.

05 러스크(1909~1994) | 데이비드 딘 러스크(David Dean Rusk). 미국 정치가. 제2차 세계대전 때 미국 공군참모차장으로 참전했다. 1950~1951년 국무차관보를 지

냈다. 록펠러재단 이사장으로 있다가, 1961~1969년 존 F. 케네디와 L.B. 존슨 행정부에서 국무장관을 역임했다.

06 **토인비(1889~1975)** | 아널드 조지프 토인비(Arnold Joseph Toynbee). 21세기를 대표하는 영국 최고의 역사학자. 런던대학교 교수, 왕립국제문제연구소 연구부장 등을 역임했다. 대표 저서로는 『역사의 연구』가 있다. 서유럽 중심의 역사관을 배제하고, 다양한 세계 문명을 조명했다. 이케다 SGI 회장과 나눈 대담집 『21세기를 여는 대화』는 31개 언어로 출간됐다.

07 **유네스코** | 유엔교육과학문화기구. 1946년 결성. 프랑스 파리에 본부가 있다. 2020년 1월 1일 기준 193개 회원국과 11개 준회원국이 가입돼 있다. 교육, 과학, 문화를 통해 국가 간 협력을 촉진하고, 세계평화에 기여하는 것을 목적으로 한다. 유네스코헌장 전문에는 "전쟁은 사람의 마음속에서 생기는 것이므로 사람의 마음속에 평화의 요새를 구축해야 한다."고 적혀 있다.

제2장 유년 시절

08 **자멘호프(1859~1917)** | 루도비코 라자로 자멘호프(Ludoviko Lazaro Zamenhof). 폴란드 출신의 안과 의사. 국제공용어인 에스페란토어를 창시하고, 보급을 위해 평생 힘썼다. 또 여러 종교에 공통된 도덕을 통해 중립적인 종교로 세계는 평화로워진다는 '호마라니스모(인류인주의)' 학설을 제창했다.

09 **시오니즘** | 19세기 말에 유럽에서 유대인 박해가 심해지는 가운데 일어난 운동. 시온이라는 유대인이 성스러운 언덕이 있는 팔레스타인에 유대인의 나라를 세우자고 여러 나라에 호소했다.

10 **로망스어** | 중세 이후 라틴어를 모체로 발전한 언어의 총칭. 대표적으로 이탈리아어, 프랑스어, 스페인어, 포르투갈어 등이 있다.

11 **베르그송(1859~1941)** | 앙리 루이 베르그송(Henri-Louis Bergson). 프랑스 철학자. 프랑스학술원 회원. 생명의 직관적 혹은 동적인 파악을 위해 노력해서 '생명철학'이라고 불리는 사상 체계를 세웠다. 미국 특파사절, 국제지적협력위원회 의장을 역임했다. 1927년에 노벨문학상을 수상했다. 주요 저서로는 『물질과 기억』, 『창조적 진화』,『도덕과 종교의 두 원천』등이 있다.

12 **소로(1817~1862)** | 헨리 데이비드 소로(Henry David Thoreau). 미국의 사상가. 에머슨 등과 함께 '미국 르네상스'를 이끈 대표적인 인물이다. 『시민 불복종』은 간디와 킹 박사의 불복종운동에 영향을 미쳤다. 『숲속의 생활』 등을 발간해 환경운동의 선구자로도 알려져 있다.

13 **일체중생(一切衆生)이** | "모든 중생의 다양한 고뇌는 모두 니치렌 한 사람의 '고(苦)'이다."라는 뜻으로 『열반경』의 "일체 중생의 이(異)의 고통을 받는 것은 모두 이는 여래(부처) 한 사람의 고통"이라는 문장을 니치렌 대성인의 입장에서 설명하신 문장.

제3장 스페인의 풍토와 문화

14 **세계화** | 정보기술과 운송기술의 발전 등으로 정치, 경제, 문화 등이 국지적인 것에 그치지 않고 전 지구적으로 확산되는 현상.

15 **저우언라이(1898~1976)** | 중국의 지도자. 총리. 장쑤성 출생. 톈진 난카이학교를 졸업한 뒤 일본에서 유학했다. 1919년에 귀국한 뒤 '5·4 운동'에 참여했다. 장정(長征)에 참가해 중국인민공화국 건설에 커다란 역할을 했다. 건국 이후 서거까지 약 26년간 총리직을 맡아 내정과 외교의 주요 업무를 이끌었다. 각계의 많은 사람에게 '경애하는 총리', '인민의 총리'로 불리며 지금까지도 민중에게 널리 사랑받고 있다. 1974년 12월 5일, 이케다 SGI 회장과 베이징에서 회견했다.

16 **고르바초프(1931~2022)** | 미하일 고르바초프(Mikhail Gorbachev). 옛 소비에트 연방 초대 대통령. 1985년에 소련공산당 서기장에 취임한 뒤 페레스트로이카(개혁)와 글라스노스트(정보 공개)를 슬로건으로 삼아 자유주의 정책을 추진했다. 외교 분야에서는 군축과 동유럽 국가의 민주화 흐름을 주도하고 동서 냉전의 종결을 이끌었다. 1990년에 노벨평화상을 수상했다. 이케다 SGI 회장과 대담집 『20세기 정신의 교훈』을 발간했다.

17 **핵위협전** | 핵무기 폐기를 목표로 창가학회가 평화운동의 일환으로 추진한 전시활동을 말한다. 1982년에 미국 뉴욕에 있는 유엔본부에서 개최한 이래 전 세계 많은 시민에게 핵무기의 위협을 알렸다.

제4장 스페인 국왕

18 리살 대십자 훈장 | 필리핀 리살협회가 필리핀 독립의 영웅이자 인권 투사인 호세 리살의 정신을 계승하고 선양하는 것을 목적으로 수여하는 상을 말한다. 리살의 정신과 일치하는 인물에게 수여하는 해당 협회의 최고 훈위이다.

19 프랑코(1892~1975) | 프란시스코 프랑코(Francisco Franco). 스페인 군인 출신으로 스페인 내전에서 인민전선을 무너뜨리고 1975년에 사망할 때까지 독재정치를 펼쳤다. 프랑코 사망 후 스페인은 민주화됐다.

20 스페인 내전 | 1936년 스페인 총선거는 좌우 정치 세력 간의 치열한 대결이었으나, 파시즘에 저항하는 인민전선파가 승리해 정권을 장악했다. 그러나 인민전선 정부에 대해 프랑코가 이끄는 군부가 봉기하면서 '스페인 내전'이 발발했다. 이 전쟁은 1939년 3월 프랑코의 국민파의 승리로 끝났다. 프랑코 시대는 그가 사망한 1975년까지 지속됐다.

21 미주기구(OAS) | Organization of American States의 약칭. 아메리카 대륙에서 분쟁의 평화적 해결과 가맹국 간 상호 이해를 촉진하는 등의 목적으로 결성된 지역 협정이다. 1951년 발족해 현재는 정식 가맹국 외에도 일본과 EU 국가들이 상임 참관국으로 참여하고 있으며, 해마다 개최되는 OAS 정기총회 등 각종 회의에 참석하고 있다.

22 칸트(1724~1804) | 임마누엘 칸트(Immanuel Kant). 독일의 철학자. 대표 저서로 『순수이성비판』, 『도덕형이상학』, 『실천이성비판』, 『영구평화론』 등이 있다. 독자적인 도덕관을 세워 근대철학에 지대한 영향을 미쳤다.

23 그래서 국왕께서는 | 현재 후안 카를로스 1세는 퇴위하였고 왕세자가 그 뒤를 이어 펠리페 6세로 즉위했다.

제5장 지구적 문제들

24 지구헌장 | 1987년 '우리 공동의 미래'라는 보고서를 발표한 브룬틀란 위원회가 지속가능발전을 위한 행동 지침을 제정하자고 주장한 일을 계기로 많은 비정부기구(NGO)와 정부가 초안 작업에 힘썼다. 2000년 네덜란드에서 개최한 지구헌장

회의에서 발표됐다. 이 회의에는 SGI 대표도 참석해 이케다 SGI 회장의 메시지를 소개했다.

25 **와편모조** | 단세포 생물. 약 130속, 2천 종이 확인된다. 광합성을 하는 그룹과 하지 않는 그룹이 있다. 두 개의 편모를 가지고 세포를 회전시키면서 소용돌이치듯이 헤엄치는 특징이 있어 이러한 명칭이 붙었다.

26 **병든 가이아** | 1960년대 후반, 영국의 과학자 제임스 러브록은 지구상의 생명 또는 생물권이 지구 기후와 대기 조성을 생존에 최적화된 상태로 조절하고 유지한다는 '가이아 이론'을 발표했다. '병든 가이아'는 지구온난화와 해양오염 등 각종 환경문제로 인해 질병에 걸린 가이아(지구)를 의미한다.

제6장 세계화의 빛과 그림자 ① 전쟁과 평화

27 **9·11 테러** | 2001년 9월 11일, 민간 여객기 4대를 납치해 미국 내 시설을 공격하고 추락시킨 사건이다. 이로 인해 뉴욕 세계무역센터(WTC) 쌍둥이 빌딩이 붕괴되고, 국방부(펜타곤)도 파괴됐다. 탑승객과 승무원, 건물 거주자뿐만 아니라 구조에 나선 경찰과 소방관을 포함해 많은 사상자가 발생했다.

28 **케네디(1917~1963)** | 존 F. 케네디(John F. Kennedy). 미국 제35대 대통령(재임 1961~1963). 매사추세츠주 브루클라인의 명문가에서 태어났다. 하버드대학교를 졸업하고 1961년 1월, 마흔세 살에 대통령으로 취임했다. 1962년, 핵전쟁 위기를 초래한 '쿠바 위기'를 평화적으로 해결했다. 1963년 8월, 미국, 소련, 영국 사이에서 부분적 핵실험금지조약을 체결했다. 국내 정치에서는 인종문제 등 차별 철폐를 위해 노력했다. 그러나 1963년 11월, 텍사스주 댈러스에서 선거 연설 중에 암살당했다.

29 **패권주의** | 정치, 문화, 경제, 군사적 격차 등을 이용해 독단적으로 자국의 우월성(지도성)을 유지하는 것을 말한다. 타국의 협력보다 자국의 힘에 의존해 자국의 이념이 국제사회 전체의 목표라고 독선적으로 믿는 경향이 있다.

30 **이슬람 문화** | 고대 그리스 문명이 쌓은 모든 학문은 여러 차례 소멸 위기를 겪었으나, 8세기에 이슬람 제국이 집대성하기 시작했다. 9세기 바그다드에 '하우스 오브 위즈덤(지혜의 집)'이라는 기관이 설립돼 50만 권에 달하는 그리스어 서적이

아랍어로 번역됐다. 11세기 기독교의 십자군이 바그다드를 침공하면서 그곳에 있던 지식이 유럽으로 전파됐다. 십자군이 유럽으로 가져간 이슬람 문화가 르네상스(문예부흥)의 촉진제가 됐다.

31 **초두리(1943~)** | 안와룰 카림 초두리(Anwarul Karim Chowdhury). 유엔 전 사무차장. 방글라데시의 유엔 대사를 거쳐 유엔 사무차장에 취임했다. 유엔 안전보장이사회 및 경제사회이사회 등에서 중책을 맡아 활동했으며, 유니세프(UNICEF, 유엔아동기금)를 통한 국제 활동에도 참여했다. 이케다 SGI 회장과 대담집 『새로운 지구사회의 창조를 위해』를 발간했다.

제7장 세계화의 빛과 그림자 ② 민중의 세계화

32 **유럽연합(EU, European Union)** | 유럽의 정치·경제 통합을 목표로, 가맹국 간 상호 협력을 강화하기 위해 설립된 초국가적 기구. 1993년에 출범했으며, 본부는 벨기에 브뤼셀에 있다. 2025년 기준으로 27개국이 가입돼 있다.

33 **쿠덴호베 칼레르기 백작(1894~1972)** | 리하르트 폰 쿠덴호베 칼레르기(Richard von Coudenhove-Kalergi). 오스트리아 정치학자. 도쿄 출생으로 '유럽 통합의 아버지'라 불린다. 유럽의 여러 나라가 하나가 되는 영광스러운 '범유럽' 사상을 추진했다. 그 운동은 EU(유럽연합)의 기초가 됐다.

34 **앙드레 말로(1901~1976)** | 프랑스 파리 출신 작가 겸 미술평론가, 정치가. 스페인 내전에 참여해 독일을 상대로 레지스탕스 운동을 지휘했다. 전쟁 이후 드골정권에서 문화부 장관을 역임해 의욕적인 문화 활동을 추진했다. 주요 저서로 『인간의 조건』, 『서유럽의 유혹』, 『희망』 등이 있다. 이케다 SGI 회장과 나눈 대담집 『인간혁명과 인간의 조건』(이케다 다이사쿠 전집 제4권 수록)이 있다.

35 **니에레레(1922~1999)** | 줄리어스 니에레레(Julius Nyerere). 동아프리카 탄자니아의 초대 대통령(1964~1985 재임). 탕가니카국이 영국에서 독립하기 위해 독립운동을 할 때 앞장서 지휘했으며, 1961년에 독립이 승인됐다. 대통령으로 취임한 뒤에는 민주사회주의를 지향했다. '건국의 아버지', '아프리카의 현인'으로 칭송받는다.

36 **인도적 경쟁 시대** | 창가학회 마키구치 쓰네사부로 초대 회장이 저서 『인생지리

학』에서 제창한 개념. 세계는 '군사적 경쟁', '정치적 경쟁', '경제적 경쟁'의 시대에서 '인도적 경쟁'의 시대로 나아가야 한다고 주장했다.

37 **테헤라니안(1937~2012)** | 마지드 테헤라니안(Majid Tehranian). 이란 마슈하드 출생. 커뮤니케이션론, 정치경제학, 중동연구 등을 전공했다. 하버드대학교에서 박사 학위를 취득하고 하와이대학 교수, 스파크 마츠나가 평화연구소 소장, 초대 도다기념국제평화연구소 소장(~2008) 등을 역임했다. 이케다 SGI 회장과 대담집 『21세기를 위한 선택』(『이케다 다이사쿠 전집』 제108권 수록)을 발간했다.

38 **간디(1869~1948)** | 모한다스 카람찬드 간디(Mohandas Karamchand Gandhi). 마하트마(위대한 혼)라는 존칭으로 불렸다. 인도 독립과 인권운동의 지도자. 1888년에 영국에서 유학하며 변호사 자격을 취득하고, 남아프리카에서 인도인 차별과 학대를 목격한 뒤 비폭력주의 저항 운동을 전개했다. 제1차 세계대전이 발발한 뒤 인도로 돌아와 인도 독립운동을 이끌었다. 평생 비폭력, 불복종의 신념을 지키며 식민지주의와 싸웠고, 민중의 지지를 받으며 조국을 독립으로 이끌었다. 그 사상은 미국 공민권운동을 비롯해 세계에 큰 영향을 미쳤다.

제8장 '미국·유럽·아시아' 삼극의 미래

39 **파워게임** | 권력 투쟁. 특히 강대국들이 정치적·경제적 힘을 바탕으로 국제사회에서 주도권을 잡으려는 경쟁을 의미한다.

40 **솅겐조약** | 유럽연합 회원국 간에 국경을 지날 때 비자나 여권 없이 자유롭게 왕래할 수 있도록 한 국경개방 조약. 1985년 6월 14일 룩셈부르크의 솅겐에서 체결됐다. 독일, 프랑스, 네덜란드, 벨기에, 룩셈부르크 등 5개국이 처음으로 체결했으며, 1995년 효력이 발휘됐다. 2025년 1월 1일 기준 솅겐 조약의 회원국은 EU 25개국과 노르웨이·스위스·아이슬란드·리히텐슈타인 등 EU 비회원국 4개국을 포함해 총 29개국이다.

41 **평화헌법** | 전 세계 국민이 평화롭게 생존할 권리를 가지고 있음을 확인한 헌법 전문을 말한다. 일본헌법은 전쟁 포기 및 전력(군사력) 보유 금지를 명시한 헌법 제9조 등이 있어 종종 '평화헌법'이라 불린다.

42 **비동맹국(NAM, Non-Aligned Movement)** | 동서 냉전 시기에 어느 진영에도

속하지 않고, 식민주의와 강대국 의존에서 벗어나려 했던 국가를 말한다. 1961년 베오그라드회의 이후 약 3년마다 비동맹국 정상회의가 개최됐으며, 냉전이 종식된 지금도 국제적 정치·경제 문제에 적극 대응하는 역할을 지속하고 있다.

제9장 지도자 혁명과 글로벌 거버넌스

43 **에드워드 케네디(1932~2009)** | 에드워드 무어 케네디(Edward Moore Kennedy). 존 F. 케네디 대통령의 막내 동생이며, 매사추세츠주 선출 상원의원. 미국 민주당 내 대표적인 진보 성향 정치인으로 활약했다.

44 **드골(1890~1970)** | 샤를 드골(Charles de Gaulle). 프랑스 정치인. 제2차 세계대전 당시 군인으로서 독일의 침략 저지를 지휘했다. 파리가 함락된 뒤에도 런던에서 레지스탕스를 호소했다. 1958년에 프랑스 대통령으로 취임했다.

45 **아데나워(1876~1967)** | 콘라트 아데나워(Konrad Adenauer). 독일의 정치인으로, 히틀러 정권 아래 두 차례 투옥됐다. 제2차 세계대전 이후 기독교민주동맹을 조직하고 1949년 서독의 첫 총선거 결과 초대 총리로 취임했다. 14년간 총리 재임 중 유럽제국과 협조하기 위해 노력했고, 서독의 기적적인 부흥을 달성했다. 1963년 드골 대통령과 독일·프랑스 간 우호협력 조약인 '엘리제 조약'을 체결했다.

46 **크렘린** | 모스크바에 있는 성벽으로 둘러싸인 지역. 대통령 집무실을 비롯해 여러 정부 기관이 있다. 권력의 상징으로서 일찍이 소련공산당 및 현재 러시아 정부를 가리키는 상징적 표현으로 사용된다.

47 **융(1875~1961)** | 카를 구스타프 융(Carl Gustav Jung). 스위스의 정신의학자, 분석심리학자. 초기에는 프로이트와 함께 연구했지만, 의견 차이로 결별하고 분석심리학의 일파를 창시했다. 개인의 잠재의식보다 깊은 층에 인류 공통의 '집단 무의식'이 있다고 주장했다.

48 **글로벌 거버넌스** | 환경 문제나 테러, 분쟁 등 국가 간 대립을 야기하는 문제를 집권적 국제기관에만 맡기지 말고 자율적으로 해결하고자 하는 개념을 말한다. 시민, NGO, 정부 등이 각각 대립하는 이해관계를 조정하면서 인류 공통의 문제를 해결하는 과정과 구상을 가리켜 지구적 규모의 개혁을 구상하는 말로 사용된다.

49 **글로벌 콤팩트** | 2000년 7월 당시 유엔 사무총장 코피 아난의 제안에 따라 출범

한 기업의 사회적 책임에 관한 국제협약. 인권, 노동 기준, 환경 보호 및 반부패에 관한 10대 원칙을 제시했다.

50 **미디어 리터러시** | TV, 신문, 잡지, 광고 등의 매스미디어의 정보에 무분별하게 휩쓸리지 않고 미디어 정보를 주체적으로 적절히 읽어내는 힘을 말한다.

제10장 세계시민 교육

51 **군국주의 교육** | 여기서는 제2차 세계대전 시기에 일본이 실시한 전쟁을 지지하는 내용의 교육을 가리킨다. 군부 중심의 권력은 정부기관이 집필하고 편집한 국정교과서를 바탕으로 민중을 적극적으로 전쟁에 협력하는 인간으로 육성하고자 했다. 이러한 획일적인 공교육과 엄격한 표현의 제약 등으로 군부 권력은 전쟁을 반대하는 언론을 봉쇄했다.

52 **ETA** | '바스크 조국과 자유'를 말한다. 스페인에서 독립하려는 바스크 민족의 급진파 민족주의 조직으로 1959년에 결성됐다. 무력행사도 불사해 희생자가 적지 않았다.

53 **글로벌 초등교육기금** | 이케다 SGI 회장이 2004년, 제29회 'SGI의 날' 기념제언에서 제안한 초등교육 보급을 위한 국제적인 기금 협력 방안이다. 유엔이 '밀레니엄 개발 목표'로 2015년까지 달성을 내건 8대 목표 중 하나가 초등교육의 완전 보급으로, 유엔과 세계은행의 시산(試算)에 따르면 전 세계에서 소비하는 연간 군사비 나흘 치를 매년 교육 분야로 돌리면 2015년까지 초등교육 보급에 필요한 자금을 충당할 수 있다.

54 **노먼 커즌스(1915~1990)** | '미국의 양심'으로 불리는 언론인이자 평화운동가. 『새터데이 리뷰』의 편집장과 UCLA 의과대학 교수 등으로 폭넓게 활약했다. 히로시마 원폭 피해 실태에 충격을 받아 원폭 반대 운동을 전개했다. 제2차 세계대전이 끝나고 일본을 방문해 히로시마 원폭 고아의 구제 등에 힘썼다. 1963년에는 케네디 대통령의 특사로 파견돼 흐루쇼프 옛 소련 서기장과 회견했다. 유엔평화상을 수상했으며, 『노 모어 히로시마』 등을 집필했다. 이케다 SGI 회장과 대담집 『세계시민의 대화』를 발간했다.

55 **오르테가 이 가세트(1883~1955)** | 호세 오르테가 이 가세트(José Ortega y

Gasset). 스페인의 대표적인 철학자이자 문예비평가로, 신칸트주의 영향을 받았으며 마드리드대학 교수로 활동하며 스페인의 자유화와 근대화에 기여했다. 스페인 내전 후 프랑코 정권을 피해 망명 생활을 하다 1945년 귀국해 인문학 발전에 힘썼다. 대표 저서로는 『대중의 봉기』, 『예술의 탈인간화』, 『돈키호테에 관한 명상』 등이 있다.

56 **인권교육을 위한 세계프로그램** | 2004년 4월에 유엔인권위원회에서 채택한 프로그램으로, 1995년부터 시작된 '인권교육을 위한 유엔 10년'의 연장선상에 있다. 2005년부터 3년간은 제1단계로 초등·중등교육기관의 인권교육에 초점을 맞췄다.

57 **퍼그워시회의** | 1957년 캐나다 퍼그워시에서 핵무기 폐기를 위한 전쟁 종식과 세계 각국의 상호 신뢰관계 구축을 목적으로 열린 국제과학자회의. 1955년에 알베르트 아인슈타인과 버트런드 러셀, 유카와 히데키 등 과학자 11명이 발표한 핵무기 폐기 성명에 따라 개최됐으며, 그 뒤로도 지속해서 세계적인 활동을 이어가고 있다. 정식 명칭은 '과학과 세계문제에 관한 퍼그워시회의'로 1995년 노벨평화상을 수상했다.

58 **스와미나탄(1925~2023)** | 만콤부 삼바시반 스와미나탄(Mankombu Sambasivan Swaminathan). 인도의 유전학자, 농학자로 퍼그워시회의 회장 등을 역임했다. 인도 타밀나두주(州)에서 태어나 영국 케임브리지대학교에서 유전학 박사 학위를 취득했다. 1960년대에 밀과 벼의 고수확 품종 개발과 보급에 공헌했다. 인도 '녹색혁명의 아버지'로 불린다. 근래에는 환경과 조화를 이루는 '지속가능한 녹색혁명'을 위해 힘썼다. 이케다 SGI 회장과 대담집 『'녹색혁명'과 '마음혁명'』을 발간했다.

59 **구조적 폭력** | 노르웨이의 평화학자 요한 갈퉁(Johan Galtung)이 사용한 개념이다. 갈퉁은 개발도상국의 빈곤과 억압된 상황이 반드시 내부적인 요인에만 있는 것이 아니라 외부의 국제 및 국내적인 사회와 경제 구조 등에도 있다고 지적했다. 그러한 외부 요인에 따른 인간으로서의 권리와 생활의 억압을 '구조적 폭력'이라고 부르며, 구조적 폭력이 없는 상태(적극적 평화)를 목표로 해야 한다고 주장했다.

제11장 종교와 정신의 르네상스

60 **윤리 상대주의** | 윤리 기준은 시대와 사회관습 등에 따라 정해지는 것으로, 기준의 옳고 그름은 일률적으로 말할 수 없다는 사고방식이다. 다양한 주의에 관용적인 반면, 확고한 중심이 없어 인간과 사회를 불행하게 만드는 주장도 받아들일 위험성이 있다.

61 **WHO(세계보건기구)** | 1948년에 설립된 보건위생 분야의 유엔 전문 기구. 전염병 대책과 공중위생의 향상, 더 나아가 환경 문제에도 대응한다. 회원국은 총 194개국 2개의 준회원지역으로 구성되며, 제네바에 본부가 있다. 가능한 한 모든 사람이 높은 수준의 건강생활을 영위하는 것을 목표로 한다.

62 **야스퍼스(1883~1969)** | 카를 야스퍼스(Karl Jaspers). 독일의 정신병리학자이자 철학자. 『정신병리학총론』을 집필했으며, 하이델베르크대학교 심리학 교수와 철학 교수 등을 역임했다. 그러나 1937년 나치스로부터 유대인 아내 게르트루드와 이혼하라는 강요를 거절해 교수직을 박탈당했다. 제2차 세계대전 이후 하이델베르크대학교에 복직해 대학 재건에 힘썼다. 타협 없는 신념을 인정받아 1947년 괴테상을 수상했다. 유신론적 실존철학을 주장하며 독일의 전쟁 책임 등 역사와 사회에 관해서도 폭넓게 사색해『철학』,『이성과 실존』 등을 저술했다.

63 **공자(기원전 551~479)** | 중국 춘추시대 말기의 철학자. 공구(孔丘)라고도 한다. 가난한 환경에서 자랐지만 예(禮)를 배우고 학문에 정진했다. 노나라를 섬겨 이상적인 정치를 실현하고자 정치개혁을 시도했지만 실각해 위나라, 진나라 등을 돌아다니다 기원전 484년, 노나라로 돌아가 집필에 힘쓰며 안회, 자로, 자공, 자유 등 많은 제자를 육성했다. 제자들이 공자의 언행을 편집한『논어』는 봉건사회를 뒷받침하는 사상으로서 후세에 크게 영향을 미쳤다.

64 **육사외도(六師外道)** | 석존 재세 당시 인도에 세력을 둔 외도(外道)의 논사(論師) 여섯 명을 말한다. 기성의 바라문 권력을 부정한 신흥 왕후귀족과 상인들의 지지를 받았지만, 사상이 얕아 모두 석존에게 철저히 논파됐다.

65 **소크라테스(기원전 470~399)** | 고대 그리스의 철학자. 대화로 민중을 계몽하고 널리 도덕에 대해 생각할 기회를 제공했다. 제자 플라톤이 기록한『소크라테스의 변명』 등에서 소크라테스의 언행을 알 수 있다. 훗날 서양철학에 다대한 영향을 미

쳤다.
66 **축의 시대** | '축'이란 독일어 'Achse(차축)'를 번역한 말. 기원전 5세기 무렵을 경계로 불교를 비롯한 여러 종교와 철학이 탄생했다. 이러한 사실을 바탕으로 독일의 철학자 야스퍼스는 『역사의 기원과 목표』에서 기존의 기독교 기반인 서양 편중의 역사관이 아니라 동양도 동등한 시야에 넣고, 세계적인 사상가가 배출돼 인간에게 고도의 정신활동 기준이 형성된 시대를 인류의 사상 역사의 축으로 받아들여 축의 시대라고 불렀다. 여러 위기를 안고 있어 새로운 철학이 필요한 현대를 제2, 제3의 축의 시대로 부르기도 했다.
67 **프로메테우스** | 그리스 신화의 대표적인 영웅. 제우스가 인류에게서 불을 빼앗았을 때 직접 하늘로 올라가 불을 훔쳐 인류를 고통에서 구하는 등 인간을 사랑하고 다양한 기술을 인간에게 전해줬다고 한다. 민족의 문화력과 현명함, 정교함을 상징하는 문화의 신 중 하나다.
68 **나치즘** | 1920년대 이후 독일의 아돌프 히틀러가 이끄는 '국가사회주의 독일 노동자당(나치스)'의 정치사상과 정치 체계. '게르만 민족의 우수성' 등을 강조한 편협한 민족주의, 전체주의를 내건 나치스는 1919년에 결성돼, 1933년에 정권을 잡자 히틀러가 총리(이듬해에는 '총통')에 취임했다. 유대인 대학살 등을 강행하고, 침략전쟁을 비롯해 제2차 세계대전을 일으켰다.
69 **불교의 오계(五戒)** | 초기 불교에서 재가의 남녀가 지켜야 할 다섯 가지 계율. ①불살생(不殺生) ②불투도(不偸盜) ③불사음(不邪淫) ④불망어(不妄語) ⑤불음주(不飮酒)를 말한다.
70 **모세의 십계명** | 『구약성서』에 나오는 내용으로, 히브리인을 이끌고 이집트를 탈출한 모세가 시내산에서 신에게 받은 열 가지 계율. 살인, 간음, 도둑질, 거짓말 등을 금한다.
71 **자체현조(自體顯照)** | 모든 사물과 생명이 따르는 진리와 법칙에 자신의 당체(當體)가 비춰지면 있는 그대로의 모습으로 최고의 개성과 지혜를 발휘할 수 있다는 뜻이다. 무언가 특별한 모습이 되는 것이 아니라 최고로 자기답게 빛나는 것을 말한다.
72 **대승불교** | 기원전 이후부터 재가신도를 중심으로 인도에서 새롭게 발생한 불교.

대승(大乘)이란 큰 탈것이라는 의미로, 일체중생의 성불을 위해 이타(利他)의 보살도를 설한 가르침이다.

73 주사친(主師親)의 삼덕(三德) | 모든 사람이 존경해야 할 세 가지 덕(德). 삼덕을 모두 겸비한 존재가 부처. '주덕(主德)'은 존귀함과 위엄, 중생을 지키는 힘 등을 나타내고, '사덕(師德)'은 중생을 이끄는 법을 설할 수 있는 힘을 나타내며, '친덕(親德)'은 부모의 자애처럼 중생을 아끼고 사랑하는 작용을 가리킨다.

74 세이건(1934~1996) | 칼 에드워드 세이건(Carl Edward Sagan). 미국의 천문학자이자 작가. 지구 밖에 있는 지적 생명의 탐사와 혹성 탐사 연구에 힘썼다. 퓰리처상을 수상했으며, 『에덴의 용』『핵 겨울』『코스모스』 등을 집필했다.

75 젠더 | 후천적으로 사회적, 문화적으로 형성된 성별과 성의 차이를 말한다.

제12장 영원한 탐구자로서의 인류의 위치와 사명

76 "나라를 잃고…" | 니치렌 대성인의 어서 『입정안국론』의 한 구절로, "나라를 잃고 집이 사라진다면 혼란한 세상을 피해 대체 어디로 갈 수 있다는 말인가. 당신이 자신의 안온을 원한다면 먼저 주위의 평온과 세계평화를 기원해야 하지 않겠는가."라는 뜻이다.

77 '허공회' 의식 | 허공회는 석존이 허공에서 『법화경』을 설법한 회좌(會座, 집회)를 말한다. 『법화경』 견보탑품 제11부터 촉루품 제22에 걸쳐 설한다. 대지에서 용현한 다보여래의 보탑이 공중에 떠오르자 시방세계에서 분신인 제불(諸佛)이 모여 석존의 설법을 펼친다. 그 장엄한 자리에 많은 지용보살이 대지 밑에서 불려 나와 석존의 본지(本地)가 구원(久遠)의 부처였다는 사실을 밝힌 뒤, 상행보살(上行菩薩)을 상수(上首, 중심자)로 한 지용보살(地涌菩薩)에게 멸후의 홍통(弘通)을 의탁한다.

78 보탑 | 보석으로 장식된 탑. 특히 『법화경』 견보탑품 제11에 용출하는 다보여래의 탑을 말한다. 이 보탑 안에는 다보여래가 있어 법화경을 설하는 석존을 찬탄하고 법화경의 법문(法門)이 진실하다고 증명했다. 니치렌 대성인이 저술한 『아부쓰보어서』에는 "말법(末法)에 들어와서 법화경을 수지하는 남녀의 모습 이외에 보탑은 없느니라."(어서 1,304쪽)고 씌어 있다. 이 구절에서는 법화경을 실천하는 중생이

그대로 보탑이라고 밝혔다.

79 여인성불 | 여성이 부처가 되는 것을 말한다. 중국 천태대사의 말에 따르면 『법화경』 이전의 모든 경전은 여성은 성불할 수 없다고 설했는데, 법화경 제바달다품 제12에서 여덟 살의 용녀가 즉신성불(卽身成佛)하는 현증(現證)으로 처음 여인성불을 설했다고 한다.

80 성문(聲聞), 연각(緣覺) | 성문은 부처의 가르침을 듣고 일부의 깨달음을 얻은 불제자이고, 연각은 부처의 가르침이 아닌 스스로 이치를 깨달아 일부의 지혜를 얻은 사람을 말한다. 독각(獨覺)이라고도 한다. 성문과 연각을 묶어 '이승(二乘)'이라고 한다. 이승은 자기의 깨달음에 만족하고 이타(利他)의 실천이 없기 때문에 이전 경전에서는 영원히 성불하지 못한다고 엄하게 파절했다. 법화경의 십계호구(十界互具), 일념삼천(一念三千)의 법문(法門)에 따라 비로소 성불할 수 있다고 설했다.

81 사보살(四菩薩) | 법화경 종지용출품 제15에서는 석존 멸후의 홍통을 맹세하는 수많은 지용보살이 대지에서 솟아난다. 사보살은 지용보살의 상수로, 상행(上行), 무변행(無邊行), 정행(淨行), 안립행보살(安立行菩薩)을 가리킨다.

82 성선설도 성악설도… | 성선설은 인간에게는 본디부터 선(善)을 행하는 본성이 갖춰져 있다는 설이고, 이와 반대로 성악설은 인간의 본성은 악하다는 설이다.

함께 바라보는 동과 서
인간혁명과 지구혁명

초판 1쇄 발행일 2025년 7월 3일
2쇄 발행일 2025년 8월 24일
지은이 이케다 다이사쿠·리카르도 디에스 호흐라이트네르
옮긴이 (주)화광신문사
발행인 황대일
편집인 김재홍
주간 한승호
기획총괄 안정원·이원순
표지·디자인 조현덕(폴리오 그래픽 디자인 스튜디오)
인쇄 벽호
출판등록 제2013-000127호(등록일 1981년 2월 25일)
ISBN 978-89-7433-145-0(03120)
정가 13,000원
발행처 (주)연합뉴스 www.yna.co.kr (우)03143 서울특별시 종로구 율곡로2길 25

© 2025 by Soka Gakkai